Hannelore Mussar

Ein Strauß bunter Erinnerungen

Episoden aus meinem Leben

in der DDR, während der Wende und danach

Nie stille steht die Zeit,

der Augenblick entschwebt,

und den du nicht benutzt,

den hast du nicht gelebt.

Friedrich Rückert

Dieses Buch widme ich meinen Enkeln.

Impressum

Copyright: © 2014 Hannelore Mussar

Druck und Verlag: epubli GmbH, Berlin,

www.epubli.de

ISBN 978-3-8442-8889-6

Inhalt

1. Vorwort 7

2. Episoden aus dem DDR-Alltag 11

   2.1 DDR- Schule, ... 11

   2.2 Einkaufserlebnisse 99

       2.2.1 Der Einkauf von Lebensmitteln 99

       2.2.2 Erwerb von Konsumgütern und Baumaterialien 103

       2.2.3 Der Teppichkauf 105

       2.2.4 Der Einkauf in der Hauptstadt 107

       2.2.5 Der Kauf eines Autos 109

       2.2.6 Besorgen eines „Klau-fix" 114

   2.3 Fernsehen in der DDR 115

   2.4 Die Wahlen in der DDR, ... 128

   2.5 Der 1. Mai 133

   2.6 Republikflucht 141

2.7 Nicht für den Westen Reklame laufen ...144

2.8 Der Skat- und Rommeeabend 146

3. Erlebnisse mit Schülern 152

3.1 Eine Fahrt mit Schrecken 152

3.2 Die Jugendweihefahrt 1976 157

3.3 Bange Stunden 163

3.4 Scheinbar ausgetrickst...........................166

3.5 Mit dem Moped zum Sportfest 171

3.6 Ärger in der Frühstückspause 175

3.7 Das Kartoffel nachsammeln...................178

3.8 Kopfnoten und deren Wirkung 182

3.9 Der Lehrer 185

4. Stürmische Zeiten 1989/90 189

4.1 1989 das Schicksalsjahr 189

4.2 Ein heißer Herbst kündigt sich an 192

4.3 Der 9. November 1989...........................205

4.4 Klassentreffen 209

4.5 Meine Begegnung mit Menschen aus dem Westen..217

4.6 Examen an der Kaffeetafel......................229

4.7 Klassenfahrt nach Rimini.......................232

4.8 Ostalgie 238

5. Wiedergewonnene Lebensfreude..................242

5.1 Ein Studium der besonderen Art............243

5.2 Ein Kavalier in Nöten 261

5.3 Wie realistisch ist mein Spiegelbild?.....269

5.4 Das Älterwerden 276

5.5 Gebet...277

1. Vorwort

Will noch jemand hören, wie es früher war? Oft sind einem die Erzählungen Älterer überdrüssig. Sie erscheinen einem überholt und haben kaum praktischen Wert.

Ich wuchs mit meinen Eltern und zwei jüngeren Geschwistern im Hause meiner Großeltern in einem kleinen Dorf auf.

Mein Großvater hatte den Ersten Weltkrieg als Soldat erlebt und kehrte verletzt und krank zurück. Am Ende des Zweiten Weltkrieges wurde er dennoch zum Volkssturm, der letzten Reserve, eingezogen. Als endlich wieder Frieden einkehrte, atmeten alle auf, aber es begann die schwierige Zeit des Neuaufbaus. Die Generation meiner Eltern und Großeltern hat Gewaltiges geleistet. Aus den Geschichtsbüchern und den anderen Medien erfahren wir einiges aus dieser Zeit, aber viel emotionaler sind die Schilderungen aus dem eigenen Familienkreis.

Mein Großvater wurde 1945 kommissarisch zum Bürgermeister unserer kleinen Gemeinde eingesetzt und hatte diese Funktion viele Jahre inne. Die Probleme damals trieben ihn fast an den Rand der Verzweiflung.

Sein Büro (wenn man es so nennen will) befand sich im Wohnzimmer. Da er das Privileg besaß, ein Telefon zu haben, gab es bei uns regen Publikumsverkehr. Ich lag gern auf dem Fußboden, kritzelte auf Papier, oft mussten Bücher dran glauben, und plapperte schwierige Wörter nach. So wurde mir später erzählt, dass das Wort „Differenzierung" zu meinen Lieblingswörtern zählte. Je älter ich wurde, um so mehr fragte ich nach. Ich verbrachte unzählige Abende im Zimmer meiner Großeltern und ließ mir von ihren Erinnerungen erzählen. Von meinem Opa übernahm ich das Interesse am politischen Tagesgeschehen. Wir lasen die Zeitung und hörten Nachrichten. Was ich in der Schule erfuhr, brachte ich in Diskussionen ein und so ging es oft heiß her. Meine Großmutter griff ein, wenn es ihr zu bunt wurde.

Nachts beschäftigte mich das Gehörte, aber ich speicherte auch sehr viel.

Wie wertvoll mir diese Erinnerungen mal sein würden, begriff ich erst viel später.

Heute, wo meine Eltern nicht mehr leben, hätte ich viele Fragen an sie. Leider zu spät!

Manchmal denke ich, was werden meine Enkel über meine Generation wissen. Noch sind sie zu klein, um mit ihnen darüber zu reden. Werde ich überhaupt die Gelegenheit haben, mich mit ihnen über diese Zeit auszutauschen? Der Alltag in einem Staat, der nicht mehr existiert, sah etwas anders aus, als man heute vielfach lesen und hören kann.

Diese Überlegungen sind **ein** Beweggrund, einige meiner Erlebnisse aufzuschreiben.

Ich weiß, dass das Erinnern nicht immer vollständig und somit realistisch ist. Das Gute, Angenehme speichern wir eher als Schlechtes, Unangenehmes.

Unser Gehirn selektiert. Trotzdem will ich meine Erinnerungen zu Papier bringen.

2. Episoden aus dem DDR-Alltag

2.1 DDR- Schule,
wie ich sie erlebte (als Schülerin und später als Lehrerin)

1948 erblickte ich in einem kleinen mecklenburgischen Dorf das Licht der Welt. Drei Jahre nach dem 2. Weltkrieg waren die Zeiten noch schwer, trotzdem verlebte ich gemeinsam mit meinem Bruder und meiner Schwester eine ziemlich unbeschwerte Kindheit im Kreise von Eltern und Großeltern. Unsere Eltern betrieben eine Mittelbauernstelle, die die Großfamilie gerade so ernährte. Gesundheitliche Probleme der Großeltern und die TBC meines Vaters machten es meiner Mutter nicht leicht, das Leben zu meistern.

1955 begann für mich, als der Ältesten, ein bedeutender neuer Lebensabschnitt, die Schulzeit. Schon lange hatte ich diesem freudigen Ereignis entgegengefiebert. Eine Freundin besuchte bereits die 1. Klasse und ich beneidete sie dafür. Meine Eltern mussten mir ebenfalls eine Fibel, ein Rechenbuch und eine Tafel mit dazugehörigen Griffeln kaufen. Während meine Freundin in der Schule weilte, übte ich zu Hause mit meinem Großvater. Als ich dann endlich in die Schule durfte, konnte ich bereits Texte in der Fibel lesen, etwas rechnen und schreiben. Am 1. September 1955 trat ich gemeinsam mit meiner Mutter den Weg zur Schule ins Nachbardorf an. Das Fahrradfahren hatte mein Vater tüchtig mit mir geübt, denn die 3 km mussten entweder zu Fuß oder mit dem Fahrrad zurückgelegt werden.

In der Grundschule empfing uns ein weißhaariger älterer freundlicher Herr. Später erfuhr ich, dass er vor dem Krieg Gymnasiallehrer im Sudetengebiet gewesen war und durch die Kriegswirren in unseren Nachbarort verschlagen wurde. Gemeinsam mit mir wurden ein weiteres Mädchen und zwei Jungen eingeschult. Die Schule bestand lediglich aus einem

Raum, in dem zeitlich gestaffelt vier Klassen unterrichtet wurden, immer zwei Klassen zur gleichen Zeit. Während unser Lehrer mit einer Klasse mündlich arbeitete, musste die andere selbstständig schriftliche Aufgaben lösen. Dabei wurde auf strikte Disziplin geachtet, klappte es nicht, flog schon mal die Kreide oder sogar der Kreidekasten durch den Raum. Hohe Ansprüche wurden gestellt und konsequent durchgesetzt. Wir Schüler konnten uns glücklich schätzen, umfangreiches Wissen und solides Können vermittelt zu bekommen. Neben der Strenge im Unterricht gab es viele fröhliche Stunden. War z.B. im Winter der Dorfteich vor der Schule zugefroren, tollten wir stundenlang mit unserem Lehrer auf dem Eis umher. Bei zahlreichen Wanderungen wurde die Liebe zur Natur geweckt. Voller Begeisterung, aber auch erschöpft, kehrten wir am Nachmittag von längeren Fußmärschen zurück.

Der Schulgartenunterricht erfolgte zunächst im Privatgarten des Lehrerehepaares. Kein Schüler wäre auf die Idee gekommen, einfach zu naschen oder etwas mitzunehmen. In der großen Pause erhielten wir von der Frau des Lehrers frisch gewaschenes Obst oder Gemüse.

Ein Großereignis bildete der Geburtstag unseres Lehrers. Jeder Schüler dachte lange nach, womit man Herrn Z. eine Freude bereiten könnte. Der Hausmeister stellte morgens einen Extratisch bereit, deckte eine Tischdecke darauf und wir breiteten dann unsere Präsente darauf aus. Am Ende bot sich ein entzückendes Bild. Wenn der Lehrer den Raum betrat, glänzten Tränen in seinen Augen. Als Dankeschön spendierte er uns im Nebenraum Kakao und Kuchen und anschließend folgte ein Reigen bunter Spiele.

Im ersten Schuljahr wurde ich, wie alle Kinder in unserer Schule, Junger Pionier. Stolz kam ich mit meinem Halstuch, meinem Pionierausweis und dem Statut zu Hause an. Ich begriff damals nicht, weshalb mein Großvater sich nicht so richtig mit mir freute, aber murmelte, es müsse wohl sein. Unser

Lehrer verstand es meisterlich, interessante Nachmittage zu gestalten, die uns Freude bereiteten. Traurig musste ich nach vier Jahren von dieser Schule Abschied nehmen und als Einzige in eine andere Schule wechseln. Zwei Jahre später führten mich die Wege wieder mit den ehemaligen Mitschülern zusammen.

Das 5. und 6. Schuljahr absolvierte ich in einer etwas größeren Schule. Jede Klasse verfügte über einen separaten Klassenraum und vier Lehrkräfte unterrichteten. Dabei hatten wir das große Glück, eine junge, ausgebildete Russischlehrerin zu haben. Vorher „bereiste" ein älterer Herr mehrere Orte. Verständlicherweise kam kein stetiges Arbeiten zustande. Die Schüler erwarteten jedes Mal mit Spannung den Bus und wenn ihr Lehrer nicht ausstieg, war zunächst die Freude groß. Unsere junge Lehrerin brachte auch gleich neuen Schwung in die alte Dorfschule. Die älteren Lehrkräfte, besonders ein Lehrer, der schon viele Jahre im Dienst war und jahrelang gemeinsam mit seiner

Tochter den Unterricht bestritten hatte, kannten die Eltern und Großeltern der Schüler ganz genau, diese waren meist schon ihre Schüler gewesen. So kam es vor, dass ein Mitschüler von Eltern oder Großeltern aus dem Unterricht geholt wurde, um in der bäuerlichen Wirtschaft zu helfen. Das klang dann so: „Dat giwt Regen. Wi mütten to Hö. Klaus mütt mit de Peer in de Leist." (Es gibt Regen. Wir müssen ins Heu. Klaus muss mit den Pferden in die Lewitz - einem Wiesengebiet.)

Auf dem Lande spielte die Schule als kulturelles Zentrum eine besondere Rolle. Von dort gingen wichtige Impulse aus. Besonders deutlich wurde das zum Internationalen Kindertag am 1.Juni. Am Nachmittag war bei Sport und Spiel das ganze Dorf auf den Beinen. Abends führten die Jugendlichen ein Theaterstück auf. Der Saal der Gaststätte füllte sich jedes Mal bis zum letzten Platz. Der Applaus am Ende war wohl der schönste Lohn für die mühevolle Vorbereitung.

Die 7. und 8. Klassen wurden in einem etwa 5km

entfernten Ort unterrichtet. Dort traf ich auch meine Freunde aus der Grundschulzeit wieder. Bei gutem Wetter radelten wir zur Schule. Ansonsten konnten wir morgens den Linienbus benutzen, allerdings fuhr dieser schon kurz nach sechs Uhr und der Unterricht begann erst 7.30 Uhr. Zurück brachte uns ein Schülerbus, der zahlreiche Orte ansteuerte. Gegen 14 Uhr waren wir zu Hause. Wenn am Nachmittag Veranstaltungen stattfanden, kehrten wir mit dem Linienbus gegen 17.30 Uhr zurück.

Die neue Schule war eine zehnklassige Polytechnische Oberschule. In dem Namen steckte schon die inhaltliche Ausrichtung. Dieser Schultyp entstand nach der Annahme des „Gesetzes über die sozialistische Entwicklung des Schulwesens der DDR", das am 2.12.1959 von der Volkskammer verabschiedet wurde. In dem hieß es: „Das Ziel...ist eine hohe Bildung des ganzen Volkes, seine allseitige Bildung und Erziehung, seine Befähigung, das gesellschaftliche Leben bewusst zu gestalten, die Natur zu verändern und ein erfülltes Leben zu führen. Dieses Ziel eint den sozialistischen Staat und alle gesellschaftlichen Kräfte in gemeinsamer Bildungs- und Erziehungsarbeit." In den 60er Jahren wurde das Bildungswesen zu einem geschlossenen System formiert, von der Vorschulerziehung bis zur Universität wurde alles strukturell und inhaltlich abgestimmt. Neben Bildung und Erziehung hatte die Schule den Auftrag, die heranwachsende Generation auch an die produktive Arbeit heranführen. In den Fächern *Werken* und *Schulgarten* (Klasse 1-6), *Technisches Zeichnen* und *Einführung in die sozialistische Produktion (*Klasse 7-10) sowie durch planmäßige produktive Arbeit in Betrieben, Lehrwerkstätten und polytechnischen Kabinetten wurde dieser Beitrag geleistet.

Die zehnklassige allgemeinbildende polytechnische Oberschule (POS) wurde ab 1964 überall die obligatorische Schulform. Eine Zeit dieser Übergangsphase erlebte ich hautnah mit.

Meine neue Schule unterschied sich in vielerlei Hinsicht von den vorherigen. Zum einen bestand sie aus zwei Gebäuden, die zu beiden Seiten der Hauptstraße lagen. Hinter dem Hauptgebäude mit dem Schulhof und dem Toilettentrakt befand sich der Sportplatz. Bei regnerischem Wetter und vor allem im Winter erfolgte der Sportunterricht im benachbarten Saal der Gaststätte. Zum anderen gab es hier größere Klassen, um die 30 Schüler, ein umfangreicheres Lehrerkollegium, neu eingerichtete Fachräume und einige junge, frisch ausgebildete Fachlehrer.

Das 8. Schuljahr an der neuen Schule brachte richtungsweisende Entscheidungen. Aus uns „Jungen Pionieren" (Klasse1-4) waren „Thälmann Pioniere" (Klasse5-7) geworden und logischerweise erfolgte mit 14 Jahren die Aufnahme in die FDJ (Freie Deutsche Jugend). In meiner Klasse traten alle Mitschüler der FDJ bei. Im Zusammenhang mit der Aufnahme in die FDJ stand die Werbung für die Jugendweihe und die Aufnahme in die „Gesellschaft für Deutsch-Sowjetische Freundschaft" (DSF), einer Massenorganisation, die 1947 als „Gesellschaft zum

Studium der Kultur der Sowjetunion" gegründet worden war und fortan für die Freundschaft mit der Sowjetunion wirken sollte.

Die Teilnahme an der Jugendweihe löste in mehreren Familien Diskussionen aus, so auch bei uns. Meine Großeltern beiderseits plädierten für die Konfirmation, zumal ich regelmäßig am Konfirmandenunterricht teilgenommen hatte. Meine Eltern sahen die Jugendweihe für mich als notwendig an, denn ich wollte eine weiterführende Schule besuchen. Meine beiden Geschwister nahmen nicht an der Jugendweihe teil. Es musste also ein Kompromiss gefunden werden. Das Gespräch mit dem Pastor ergab, dass er mich auch trotz Jugendweihe konfirmieren würde, aber nicht wie üblich am Palmsonntag, sondern nach der Jugendweihe, im kommenden Jahr. Eine Mitschülerin entschied sich ebenfalls für diesen Weg und besuchte mit mir später die weiterführende Schule in der Kreisstadt.

In Vorbereitung auf die Jugendweihe wurden

sogenannte Jugendstunden durchgeführt. Sie standen unter speziellen Themen und wurden meist von Vertretern bestimmter Organisationen bzw. Leitern von Betrieben und Einrichtungen bestritten. An diesen Teil habe ich nur noch sehr verschwommene Erinnerungen. Höhepunkt war der Tag der Jugendweihe selbst. Im Mittelpunkt standen die Vorbereitung der meist großen Feier im Familienkreis und der „Aufputz" für diesen Tag. Im Stillen freute sich jeder schon auf die zu erwartenden Geschenke. Die von der Schule organisierte Feierstunde fiel etwas steif aus. Der Ablauf war mehrfach geprobt worden und wohl jeder nahm sich vor, im entscheidenden Moment ja nichts falsch zu machen. Insgeheim äugte man zu seinen Mitschülern, die plötzlich so anders, so verdammt herausgeputzt, aussahen. Die Feierstunde lief nach straff geplantem Muster ab. Zum **Gelöbnis** erhoben wir uns von den Plätzen und sprachen mehrfach den Satz: „Ja, das geloben wir!" nach. Über die politische Tragweite machte ich mir keine

Gedanken. Zum Ende der Veranstaltung wurden die einzelnen Jugendweihlinge in Gruppen auf die Bühne gerufen, nahmen dort die Glückwünsche des Festredners entgegen, erhielten die Jugendweiheurkunde, es wurde das Buch „Weltall, Erde, Mensch" überreicht und ganz zum Schluss erschienen Junge Pioniere mit einem Blumensträußchen für jeden. Die anwesenden Gäste, Eltern, Geschwister, Großeltern, Onkel und Tanten, konnten in dieser Phase ihre Schützlinge noch einmal im Scheinwerferlicht bewundern. Ich dachte schon an zu Hause. Dort erwarteten mich eine Gästeschar, das Festessen und natürlich viele, viele Geschenke.

Am Tag nach der Jugendweihe erfolgte dann die Auswertung mit den Mitschülern. Die wichtigste Frage war die nach den Geschenken und dabei vor allem der Geldbetrag, der zusammengekommen war. Schließlich liebäugelte jeder mit einem Moped oder Kassettenrekorder.

Am 1. September 1963 wurde ich gemeinsam mit

einer Mitschülerin und einem Mitschüler in die erweiterte Oberschule (EOS) in unserer Kreisstadt eingeschult. Zu meiner Zeit konnte man dort nach vier Jahren das Abitur ablegen, später gab es auch die Möglichkeit, nach der 10. Klasse an die EOS zu wechseln. Wir hatten die Wahl zwischen zwei unterschiedlichen Zweigen. Das war einmal der neusprachliche Zweig mit erweitertem Russischunterricht, Englisch und wahlweise Französisch oder Latein und dem naturwissenschaftlich - mathematischen Zweig, in dem die Fächer Mathematik, Physik und Chemie breiteren Raum einnahmen und der Sprachunterricht reduziert wurde. Ich entschied mich für den letzteren. In unserer Klasse dominierten die Jungen, lediglich 10 Mädchen hatten diese Wahl getroffen. Neben diesen beiden Richtungen gab es an einigen EOS einen altsprachlichen Zweig, in dem relativ umfangreich Latein und Griechisch gelehrt wurden. Der Wechsel in die erweiterte Oberschule bedeutete eine einschneidende Veränderung, denn viele

Schüler, die wie ich im Kreisgebiet wohnten, mussten die Woche über von zu Hause fort. Deshalb brachte mich meine Mutter mit großem Gepäck (Bett, Kleidung, Bücher usw.) in ein Internat, das nun für vier Jahre in der Woche mein Zuhause sein sollte. Unsere neue Heimstatt bildete ein reizvoll gelegenes Haus, das aus drei Teilen bestand, die durch einen gemeinsamen Kellerraum miteinander verbunden waren. Im Haus 1 und 2 wohnten Mädchen und im Haus 3 die Jungen. Es gab 3- und 4 - Mann-Zimmer. Die wenigen 2 - Mann-Zimmer waren den Schülern der 12. Klasse vorbehalten und befanden sich auf den einzelnen Etagen verstreut. So konnten die Älteren gleich auf die Jüngeren erzieherisch Einfluss nehmen. Sicher machten sich meine Eltern Sorgen, wie ich allein zurecht kommen würde, aber diese waren unbegründet. Ich lebte mich schnell ein und fühlte mich dort sehr wohl. Für einige Mitschüler verlief diese Umstellung nicht so unproblematisch. Bei ihnen floss manche Träne aus Heimweh und sie waren überfordert, den Alltag weitestgehend allein zu bestreiten.

Wenn ich sonnabends gegen 16.30 Uhr mit dem Bus nach Hause fuhr, hatte ich viel zu erzählen.

Wo viele junge Menschen zusammenleben, muss es gewisse Regeln geben. Diese waren in einer **Internatsordnung** festgeschrieben.

Eine kleine Gruppe Jugendlicher aus den einzelnen Klassenstufen, das sog. „Internatsaktiv", zu dem auch ich gehörte, kontrollierte gemeinsam mit dem Internatsleiterehepaar die Einhaltung. Es kam vor, dass Schüler gezwungen werden mussten, ihre Schränke aufzuräumen oder den gemeinsamen Waschraum wieder zum Glänzen zu bringen. Für die Ordnung wurden Noten erteilt und es herrschte ein Wettbewerb untereinander. Einigen Jugendlichen fiel es schwer, ohne Hilfe der Eltern zurechtzukommen.

Für mich war das Internatsleben interessant und erlebnisreich, auch wenn man feste Arbeits-, Essens- und Schlafenszeiten einhalten musste. Gelegentlich wurde von den Lehrern der Schule kontrolliert, ob alle in der Hausaufgabenzeit auch tätig waren. Die meisten Schüler streckten sich nach der Schule erst einmal auf dem Bett aus, machten ein Nickerchen oder lasen die Zeitung oder ein Buch. So konnte es geschehen, dass man hoch schreckte, wenn es klopfte, ein Schulbuch oder Heft zur Hand nahm und dieses vor Schreck auf dem Kopf hielt, wie es bei meiner Freundin vorkam.

Im Internat lernte ich viel Neues kennen. Die Beatles und ihre Musik waren in aller Munde. Die Westmusik versuchten wir über den „Soldatensender" zu erhaschen. (Eigene Radios waren laut Internatsordnung untersagt.) Der Internatsleiter war recht tolerant und drückte schon mal ein Auge zu. Irgendein Schüler besaß aus einer „Bravo" ein Beatles- Bild. Der Fotozirkel vervielfältigte das unzählige Male, bis fast jeder eins sein eigen nennen konnte, auch wenn man kaum noch etwas erkannte.

Manchen Lehrern waren Jeans und lange Haare ein Dorn im Auge, verkörperten sie doch „westliche

Unkultur". Deshalb wurden Mitschüler aufgefordert, sich die Haare schneiden zu lassen. Echte Jeans konnten nur die tragen, die gute Kontakte zum Westen hatten. Aber diese Hosen sollten auch nicht in der Schule auftauchen.

Bei den Lehrern spürten wir hinsichtlich ihrer politischen Einstellung deutliche Unterschiede, das ging von Engstirnigkeit bis zur offenen Diskussion und Toleranz.

Die Anforderungen hinsichtlich der Lernleistungen waren hoch. Man wurde angehalten, kontinuierlich und zielstrebig zu lernen. In regelmäßigen Abständen erfolgte eine exakte Ermittlung des erreichten Leistungsstandes mittels Durchschnitts der erteilten Noten. Das Ergebnis wurde in Listen (nach Klassen geordnet) zusammengefasst und im Vorflur des Hauptgebäudes ausgehängt. Eltern, Großeltern und vor allem Mitschüler konnten sich genau informieren und vergleichen.

Eine weitere Besonderheit bestand noch darin, dass neben dem Abitur ein Facharbeiterbrief erworben wurde. Geistige und körperliche Tätigkeit sollten einander ergänzen. Jeder Schüler konnte in einem engen Rahmen eine Tätigkeit wählen. So wurden wir Schüler z.B. in Büros, Gärtnereien, Baubetrieben und vor allem in der Landwirtschaft untergebracht. Alle, die körperlich fit waren, landeten in einem Volkseigenen Gut (VEG). Dazu gehörte auch ich. Meine Eltern schmunzelten, als sie davon erfuhren, denn weil ich nicht in der Landwirtschaft tätig sein wollte, ging ich zur EOS.

Einen Tag in der Woche, später in einem bestimmten Wochenturnus und auch einige Tage in den Ferien, arbeiteten wir im Betrieb, nebenher wurde auch theoretischer Fachunterricht erteilt. Wir erhielten Kenntnisse über Motorenkunde, Düngemittel, Fruchtfolgen, Bodenbearbeitung usw. und die Fahrerlaubnis für Traktoren.

Am Ende erfolgte eine Facharbeiterprüfung, die aus einem theoretischen und einem praktischen Teil bestand. Mit dem Abiturzeugnis erhielt ich 1967 auch den Facharbeiterbrief als „Agrotechniker".

Einige meiner Klassenkameraden stiegen gleich anschließend in ihrem Lehrberuf ein oder konnten ihn für die weitere Ausbildung nutzen.

Ich entschied mich mit fünf weiteren Mitschülerinnen für ein Pädagogikstudium in der Fachrichtung Deutsch/ Geschichte an der Universität Rostock. Diese vier Jahre sollten für mich in jeder Hinsicht prägend werden. Dort trafen junge Leute aus den unterschiedlichsten Regionen der DDR zusammen, die aus ganz unterschiedlichen sozialen Schichten stammten, ihre besonderen Erfahrungen gesammelt hatten und sich in vielem unterschieden.

Das Studienjahr begann mit einem Arbeitseinsatz in der Landwirtschaft. Damit sollten zwei Fliegen mit einer Klappe geschlagen werden, zum einen wurden Saisonkräfte bei der Kartoffel- und Rübenernte benötigt und zum anderen erleichterten die gemeinsame Arbeit und die anschließende Freizeitgestaltung das gegenseitige Kennenlernen und förderten den Zusammenhalt in den späteren

Seminargruppen.

Für uns alle waren neben der Ausbildung in den Fächern Deutsch und Geschichte, Pädagogik, Psychologie und Marxismus / Leninismus (M/L) Pflichtfächer. M/L gliederte sich in „Marxistische Philosophie", „Politische Ökonomie" und wie es damals hieß, „Wissenschaftlicher Sozialismus". Die Lehrveranstaltungen in M/L erstreckten sich für das jeweilige Fachgebiet auf ein Semester. Am Ende erfolgte eine mündliche Prüfung. Mit der Geschichte der Arbeiterbewegung, die für alle Studenten obligatorisch war, wurden wir im Rahmen unserer Geschichtsausbildung sowieso vertraut gemacht.

Alle Studenten waren in Seminargruppen eingeteilt, die etwa Klassenstärke besaßen. Diese Einrichtung brachte viele Vorteile. Es wurde das Zusammengehörigkeitsgefühl gestärkt, wir konnten uns gegenseitig helfen und unternahmen viel Schönes gemeinsam, z.B. Exkursionen nach Berlin und Leipzig, eine Ausgrabung bei Ahlbeck und vieles mehr. Jede Gruppe hatte einen

Seminarsekretär. Er hatte die Aufgabe, organisatorische Fragen zu lösen und am Ende des Semesters gemeinsam mit der FDJ-Leitung eine Beurteilung für jeden einzelnen Kommilitonen zu erstellen. Sie bestand aus der Einschätzung der fachlichen Leistung und der politisch- ideologischen Haltung. Wer zielstrebig arbeitete und sich aktiv beteiligte, konnte als Anreiz ein gestaffeltes Leistungsstipendium erhalten, das 60, 80 und mehr Mark betrug. Fast alle Studenten bekamen ein staatliches Stipendium, abhängig von der finanziellen Situation der Eltern, um ihren Lebensunterhalt zu bestreiten. Es betrug 200 Mark, lediglich 20 Mark wurden für die Unterbringung im Studentenwohnheim abgezogen. Die verbleibenden 180 Mark reichten für die Grundversorgung aus, da Lebensmittel, Fahrkosten, Bücher u.a. staatlich gestützt und daher sehr preiswert waren.

In den Geschichtsseminaren diskutierten wir offensiv und oft sehr kontrovers. Wir jungen Leute bildeten uns eine eigene Meinung und stellten vieles in Frage. Das führte auch bei mir zur kritischen Überprüfung der eigenen Position. Eine Diskrepanz zwischen Wort und Tat trat im Alltag deutlich zu Tage. Die Situation im Land, Probleme in der Wirtschaft, die jeder täglich spürte, konnten auch die Medien nicht schönreden. Das „Neue Deutschland" (ND) wurde von den meisten nur selten gelesen. Die „Junge Welt", das Zentralorgan der FDJ, war da schon attraktiver, auch wenn bestimmte Teile voll dem ND folgten.

Während des Studiums wohnten fast alle ausnahmslos in einem Studentenheim. Das dafür zu entrichtende Geld war, wie bereits erwähnt, gering. Ich lebte mit zwei weiteren Freundinnen in einem Zimmer. Jeweils zwei Zimmer bildeten eine Wohneinheit und besaßen eine Waschecke und WC. Auf dem Flur befand sich eine Gemeinschaftsküche und im Keller ein Duschraum. Unsere Wohngemeinschaft verstand sich prächtig und unternahm viel gemeinsam. Einige unserer Mitstudenten besaßen bereits eine eigene Familie.

Für sie gab es die Möglichkeit, die Babys im Wohnheim bei sich zu haben und sie tagsüber in eine universitätseigene Kinderkrippe oder einen Kindergarten zu bringen.

Ein Kommilitone gab gleich im 1. Studienjahr auf und eine zweite Kommilitonin resignierte nach dem Schulpraktikum im 4. Studienjahr. Alle übrigen hielten die vier Jahre erfolgreich durch. Das Zeugnis am Ende wies uns als „Diplomlehrer" für die Fächer Deutsch und Geschichte aus. Stolz hielten wir dieses Formular in den Händen. Kaum jemand ahnte wohl, dass sich erst später zeigen sollte, was es wert war und wie man als Lehrer ins Berufsleben einsteigen würde.

Insgesamt war die Studienzeit eine wertvolle Bereicherung für mich, ich konnte meinen Horizont wesentlich erweitern, ging kritischer durchs Leben und hatte keine Angst, meine eigene Meinung zu vertreten. Das sollte mir im weiteren Leben sehr hilfreich sein.

Schon im 3. Studienjahr gab es Gespräche über den

zukünftigen Einsatzort. Zunächst erfolgte die Einweisung in einen bestimmten Bezirk der Republik. Obwohl intensiv Werbung für den Bezirk Neubrandenburg betrieben wurde, fand das wenig Anklang. Die meisten Kommilitonen waren bereits leiert und wollten nun zu ihrem Partner. Da Zugeständnisse gemacht wurden, wenn man verheiratet war, folgte eine allgemeine Heiratswelle, der auch ich mich anschloss. Zu Beginn des vierten Studienjahres erfolgte die Zuteilung für einen bestimmten Kreis im gewählten Bezirk. Aus meiner Seminargruppe wollten außer mir noch zwei weitere Kommilitoninnen in unsere Heimatstadt. Entscheidend wurde in dieser Phase das Vorhandensein von Wohnraum. Meine zwei Mitbewerberinnen waren in der Kreisstadt zu Hause, während ich vom Lande stammte. Das wurde zum fast unlösbaren Problem. Krampfhaft versuchten mein Mann und unsere Eltern ein Haus für uns zu kaufen, aber ohne Kind und ohne Arbeitsplatz für mich brauchten wir nach Meinung der zuständigen

Behörden auch keine Wohnung. Nach großen Bemühungen konnten wir schließlich ein baufälliges Haus erwerben. Da wir nicht die erforderlichen Genehmigungen erhielten, bauten wir es in eigener Regie um. Der Ausbau, der fast einem Neubau glich, war sehr mühsam und konnte nur durch unermüdlichen Fleiß und die Geschicklichkeit meines Mannes, die gewaltige Unterstützung der Eltern (finanziell und Hilfe bei allen Arbeiten), besonders von meinem Schwiegervater, erfolgen. Als ich dann bei der Abteilung Volksbildung wegen meines künftigen Arbeitsplatzes vorsprach, durfte ich mir sogar eine Stadtschule aussuchen.

Ich entschied mich für die Goethe - Schule in Parchim, eine dreizügige Polytechnische Oberschule, die sich ganz in der Nähe meines Zuhauses befand, etwa zwei Minuten Fußweg.

Mein Arbeitsvertrag galt ab dem 1. August 1971. In der sogenannten Vorbereitungswoche lernte ich meine künftigen Kollegen kennen, dazu zählten neben den Oberstufenlehrern (Klasse 5-10), die

Unterstufenlehrer (Klasse 1-4) und die Horterzieher, die die jüngeren Schüler nach dem Unterricht betreuten. Insgesamt waren etwa 70 Kollegen in dieser Schule tätig.

Das Schuljahr begann in der DDR immer am 1. September (vorausgesetzt, der 1. September fiel auf einen Werktag) und umfasste 210 Unterrichtstage, den Sonnabend eingeschlossen.

Als ich mich vorstellte, war ich bereits schwanger und wusste, dass ich Anfang November in den Schwangerenurlaub gehen würde. Bei der Aussicht hielt sich die Freude meines Schulleiters in Grenzen. Ich wurde in den Fächern Deutsch und Geschichte in den Klassen 7 bis 9 eingesetzt.

Mit großem Enthusiasmus ging ich an die Arbeit. Obwohl ich mich sorgfältig vorbereitete, spürte ich bald, dass zwischen Theorie und Praxis eine beträchtliche Lücke klaffte. Während ich im Fach Deutsch eine gute Methodikausbildung erfahren hatte, fühlte ich mich in Geschichte etwas hilflos. Sehr schnell merkte ich auch, dass der Unterricht weit mehr als theoretisches Wissen bedurfte. Die Arbeit mit den Kindern wollte gelernt sein und man musste ein gewisses pädagogisches Gespür entwickeln. Obwohl Lehrerin mein Traumberuf war, kam ich manchmal in eine verzweifelte Lage. Ich fühlte mich als junge Lehrerin (die jüngste im Bereich der Oberstufe) nicht richtig akzeptiert, machte Fehler und wurde dafür prompt mit Unaufmerksamkeit und Störversuchen der Schüler bestraft.

Dazu kam gelegentliche Kritik der Schulleitung. Eine prekäre Situation entstand. So war ich froh, als ich im November in den Schwangerschaftsurlaub entfliehen konnte.

In den Wochen zu Hause freute ich mich nicht nur über mein süßes Baby, ich fand trotz reichlich Arbeit auch mein seelisches Gleichgewicht wieder. Es gelang mir mit Hilfe meines Mannes, den Alltag gut zu organisieren und eine liebevolle Pflegeoma für unseren Sohn zu finden. So startete ich nach den Winterferien, Ende Februar, mit neuem Elan in der

Schule.

Einige ältere Kollegen aus der Oberstufe nahmen sich nun meiner an, machten mich mit den Gepflogenheiten der Schule besser vertraut, gaben mir Ratschläge und halfen bei ganz praktischen Dingen wie z.B. beim Aufbau des Filmapparates. Hilfe erhielt ich auch vom Schulleiter und den Fachberatern, die es im Kreis für jedes Fach gab. Sie hospitierten bei mir und gaben mir praktische Hinweise in vielen Fragen, wie dem effektiven Einsatz von Lehr- und Lernmitteln, der Unterrichtsgestaltung, der Bewertung von Schülerleistungen u.a. Ich sah mir den Unterricht anderer Kollegen an, arbeitete eng mit ihnen zusammen und lernte auf diese Weise viel dazu. Erste Erfolge stärkten mein Selbstvertrauen und langsam fasste ich Fuß in der Schule.

In meinem ersten Arbeitsvertrag von August 1971 sind als Arbeitszeit 24 Pflichtstunden ausgewiesen, bei Bedarf an der Schule konnten bis zu zwei variable Stunden dazu kommen, die zusätzlich vergütet wurden. Abminderungsstunden gab es eine für die Klassenleitertätigkeit, eine, wenn man über die Hälfte seiner Stunden in den Klassen 9 und 10 unterrichtete und etwas später eine weitere, wenn man zwei und mehr Kinder in seinem Haushalt betreute. Außerdem stand berufstätigen vollbeschäftigten Frauen ab 1961 ein sogenannter **Haushaltstag** zu. Hierbei handelte es sich um einen bezahlten arbeitsfreien Tag. Ab 1981 wurde diese Festlegung auf alle berufstätigen Mütter, Ehefrauen und alleinstehenden Frauen über 40 ausgedehnt. Dieser freie Tag wurde in der Schule in den Monaten gewährt, in denen es keine Ferien gab.

In meinem zweiten Dienstjahr übernahm ich erstmalig die Klassenleitertätigkeit für eine schwangere Kollegin. Ich stellte sehr schnell fest, dass ein Wust zusätzlicher Arbeit auf mich zu kam. Die eine Abminderungsstunde wog den Aufwand bei weitem nicht auf. Als Klassenleiter war man für eine Vielzahl von Aufgaben verantwortlich. Es fällt mir in der Rückschau schwer, mich an die gesamte

Palette zu erinnern. Es verwundert, dass man alles unter einen Hut brachte und bringen musste, denn man stand auch selber immer wieder auf dem Prüfstand. Dazu werde ich mich an anderer Stelle noch äußern.

Die wichtigste Aufgabe bestand verständlicherweise darin, den anvertrauten Schülern Wissen und Können zu vermitteln, dazu war es nötig, eine günstige Lernsituation für alle Schüler zu schaffen. Das setzte wiederum das vertrauensvolle Zusammenspiel von Schülern, Elternhäusern und Schule, besonders mit dem Klassenlehrer voraus, schließlich koordinierte er alle Aktivitäten und mit ihm stand und fiel vieles.

Von 1973 an führte ich ständig eine Klasse, meist von der 5. Klasse bis zur 10. Ich erlebte mit meinen Schülern die ganze Breite des Schulalltags. Diese zusätzliche Arbeit kostete viel Zeit und war sehr anstrengend, aber auch dankbar, was sich bis heute immer wieder zeigt. Das Verhältnis zu meinen Schülern gestaltete sich eng und meist vertrauensvoll. Die vielfältigen Aktivitäten ermöglichten es mir, meine Schüler genau kennen zu lernen. Neben dem Unterricht erlebte ich sie bei zahlreichen außerschulischen Veranstaltungen wie den Pionier - bzw. später FDJ-Nachmittagen, schulischen Wettstreiten, Sportwettkämpfen, Arbeitseinsätzen, dem Unterricht in der Produktion, Klassen- und Ferienfahrten u.a.

Um einen genauen Einblick zu haben, führte ich ein sogenanntes **Pädagogisches Tagebuch**. Dabei handelte es sich um ein dickes Schreibheft, in dem für jeden Schüler mehrere Seiten eingerichtet waren. Auf der ersten Seite hielt ich persönliche Daten fest - Name, Anschrift, Namen der Eltern, Betriebe, in denen sie arbeiteten, Geschwister, eventuellen Berufswunsch usw. Auf den folgenden Seiten notierte ich alle Vorkommnisse und Begebenheiten. Diese Eintragungen bildeten dann die Grundlage für Schülerbeurteilungen auf den Zeugnissen oder für Bewerbungsunterlagen. Da diese Einschätzungen für den weiteren Weg des Schülers außerordentlich wichtig waren, machte ich es mir zur Regel, die Beurteilungen für Schüler der 9. und 10. Klassen in Kladde jedem Einzelnen vorzulegen und mit ihm zu besprechen. Die Schüler vermochten sich meist durchaus realistisch einzuschätzen. Sie bemerkten auch, wie sehr ich mich um eine wahrheitsgetreue Darstellung bemühte und waren bereit, kritische Hinweise besser anzunehmen und sie als Ansporn für künftige Arbeit zu nutzen.

In meinem Pädagogischen Tagebuch hielt ich ebenfalls alle Kontakte zu den Eltern meiner Schüler fest. Zu Beginn des jeweiligen Schulhalbjahres führte ich die obligatorische Elternversammlung durch, an der die meisten Eltern teilnahmen. Von der Schulleitung erhielt ich die Vorgabe, zu Beginn der Versammlung auf wichtige politische Ereignisse einzugehen. Welchen Rahmen das annahm, blieb mir überlassen. Bei mir spielte die Behandlung schulinterner und klassenspezifischer Themen stets die Hauptrolle. Ich stellte fest, dass Eltern nur dann gern zur Elternversammlung erschienen, wenn sie neben dem „allgemeinen Schmus", wie sie sagten, Konkretes zur Klassensituation erfuhren und ich keine Scheu hatte, Probleme offen anzusprechen und mit ihnen gemeinsam nach Lösungen zu suchen. Ich hatte das Glück, fast immer die meisten Eltern auf meiner Seite zu haben. Sie boten mir ihre Unterstützung an und baten mich, sie sofort zu informieren, wenn es Unregelmäßigkeiten bei ihrem Kind gab. So konnte ich sie bei Bedarf von der Schule aus anrufen (meist auf ihrer Arbeitsstelle, denn einen privaten Telefonanschluss hatten nur wenige - ich leider auch nicht), sie auf der Straße ansprechen oder sie kamen in die Schule bzw. zu mir nach Hause. Nach der Elternversammlung erhielt die Schulleitung einen kurzen schriftlichen Bericht, in dem die Zahl der Teilnehmer, besprochene Probleme, Hinweise und Fragen der Eltern vermerkt wurden. Auf der ersten Elternversammlung, die Mitte September stattfand, wurden auch die Elternvertreter, das Elternaktiv, und ein Vertreter für den Elternbeirat der Schule gewählt. Dabei wurden wir von der Schulleitung darauf hingewiesen, dass mindestens ein Genosse (Mitglied der SED) dabei sein sollte. Die Mitglieder des Elternaktivs, meist vier bis fünf Eltern, unterstützten mich bei der Organisation und Durchführung von Klassenvorhaben. Deshalb trafen wir uns in regelmäßigen Abständen. Das geschah meist reihum bei den einzelnen Mitgliedern und bei mir zu Hause. Zu diesen Besprechungen luden wir auch Vertreter der Patenbrigade ein. Jeder Klasse wurde eine Brigade aus der Produktion oder Verwaltung zugeordnet. Die Kinder besuchten ihre Patenbrigade im Betrieb, lernten die dortigen Bedingungen kennen, halfen bei bestimmten Arbeiten und wurden auf vielfältige Weise vom Patenbetrieb unterstützt. Meine erste Klasse wurde vom VEB Kraftverkehr betreut. Das ermöglichte uns kostenlose Bereitstellung von Bussen für Klassen- und Ferienfahrten und die Nutzung des betriebseigenen Ferienobjektes auf der Insel Poel. Ein anderes Mal war die Friedhofsgärtnerei unsere Patenbrigade.

Hier wurde vor dem Totensonntag Hilfe gebraucht. Ich schickte in den Wochen davor kleine Schülergruppen in den Betrieb, die Vorarbeiten für die Anfertigung von Grabschmuck erledigten. Dabei begleiteten sie auch einzelne Elternvertreter. Zum Dank bastelten die Frauen aus der Patenbrigade mit den Schülern Adventsgestecke und führten eine gemeinsame Weihnachtsfeier durch. Wenn die Beziehung funktionierte, lag der Vorteil auf beiden Seiten. Die Brigaden in den Betrieben standen untereinander im sogenannten sozialistischen Wettbewerb und bei der Auswertung spielte auch die Unterstützung der Patenklasse eine Rolle.

Als Klassenlehrerin hatte ich außerdem einen engen Kontakt zu den einzelnen Elternhäusern zu pflegen, d.h. mindestens zwei Elternbesuche bzw. Elterngespräche waren im Schuljahr im Klassenbuch aktenkundig zu machen. Diese Festlegung wurde von der Schulleitung kontrolliert und ausgewertet. Auch wenn man es manchmal als Gängelei empfand, waren die Elternbesuche von außerordentlicher Bedeutung. Immer wieder erlebte ich es, dass sich die Schüler regelrecht auf meinen Besuch freuten und mir ihre häusliche Umgebung vorführten. Meine eigenen Kinder wünschten sich Elternbesuche ihrer Lehrer. Ich hatte es gern, wenn die Schüler bei meinen Gesprächen mit den Eltern dabei waren. Es sollte meist kein Gespräch <u>über</u> den Schüler sein, sondern <u>mit</u> dem Schüler. Manchmal entdeckte ich ganz neue Züge des Schülers wie Häuslichkeit oder liebevoller Umgang mit Geschwistern oder Großeltern, Hilfsbereitschaft im Haus und Ähnliches. Ich lernte das gesamte Umfeld kennen, erfuhr von den Hobbys, durfte mir das Zimmer des Schülers ansehen. Oft waren die Eltern dankbar für Hinweise. Gab es Schwierigkeiten, holte ich am Abend mein Fahrrad heraus und tauchte unangemeldet bei den Eltern auf, um eine sofortige Klärung zu erreichen. Das sprach sich schnell bei den Schülern herum und erzielte auch seine Wirkung. Ich habe es nur in Ausnahmefällen erlebt, dass Eltern nicht mit mir an einem Strang zogen.

Wenn sich Probleme mit einzelnen Schülern oder in einzelnen Fächern häuften, lud ich Schüler, Eltern und Kollegen zu Gesprächen ein. Das alles wirkte sich positiv auf das Gesamtklima aus. Ich konnte so besser helfen oder Hilfe organisieren, denn der Leistungsstand wurde regelmäßig kontrolliert. Jeder Schüler führte eine Karteikarte, auf die er alle erteilten Noten selbstständig eintrug, die in bestimmten Abständen von mir kontrolliert wurde und den Eltern zur Unterschrift vorgelegt werden musste.

Eine besondere Einrichtung war die Durchführung von Lernkonferenzen. Das waren Zusammenkünfte der Klasse, auf denen die Lernergebnisse und die Lerneinstellung analysiert wurden. Einzelne Schüler berichteten, wie sie erfolgreich lernten, andere mussten zu ihren schlechten Ergebnissen Stellung nehmen. Es wurden Lernpatenschaften gebildet, die sich unterschiedlich bewährten. Ein Verantwortlicher aus der Pionier - bzw. der FDJ-Leitung kontrollierte, ob alle Arbeitsmaterialien mitgebracht wurden und wer wie oft seine Hausaufgaben vergessen hatte. Diese Auswertung wurde auch auf der Karteikarte, die die Schüler zu Hause vorlegten, vermerkt. Der gesamte Kontrollmechanismus war sehr aufwändig für den Lehrer, manchmal auch überzogen, aber brachte in vielen Fällen eine bessere Lernbereitschaft. Als Anerkennung winkte am Ende des Schuljahres die „Urkunde für gutes Lernen in der sozialistischen Schule", die die Schüler erhielten, die mehr als die Hälfte die Note „Eins" auf dem Zeugnis hatten und gute gesellschaftliche Arbeit leisteten. Die letzte Bedingung war sehr dehnbar formuliert und ihre Auslegung hing entscheidend vom Klassenlehrer ab. Die Urkunde wurde in den Betrieben der Eltern öffentlich ausgehängt und meist mit einer finanziellen Anerkennung von 20 Mark honoriert. Die Urkunden von Kindern aus unserem Pädagogenkollektiv hingen am Mitteilungsbrett im Lehrerzimmer, Geld gab es keins. Das Streben nach guten Noten wurde manchmal übertrieben und führte mit den Jahren zu einer Inflation. Sitzenbleiben war verpönt. Schlechte Noten eines Schülers warfen ein schlechtes Licht auf die Unterrichtsarbeit des Lehrers. Man sprach von Schülerleistung gleich Lehrerleistung und welcher Lehrer wollte schon schlecht dastehen?

Als Klassenleiter war ich gut beraten, wenn ich bei einzelnen Fachlehrern, die meine Schüler unterrichteten, hospitierte und mir einen eigenen Eindruck verschaffte. Das traf vor allem den Unterricht in der Produktion (PA), den ESP-Unterricht (Einführung in die sozialistische Produktion) und später den Wehrunterricht, der im Schuljahr 1978/79 als Pflichtfach ab der 9. Klasse eingeführt wurde.

Beim PA und ESP - Unterricht wurden Noten erteilt, die auch im Zeugnis ausgewiesen wurden. Während der produktiven Arbeit arbeiteten die Schüler meist in Gruppen und diese standen untereinander im „sozialistischen Wettbewerb". Die Ergebnisse wurden auf einer Wandtafel veröffentlicht und spornten so zur Leistungsbereitschaft an. In diesem Unterricht entschieden vor allem praktische Fähigkeiten, Einsatzbereitschaft und Teamgeist.

Im ESP - Unterricht, der in einem sogenannten Polytechnischen Zentrum von speziell ausgebildeten Lehrkräften durchgeführt wurde, ging es um die Vermittlung fachspezifischer theoretischer Kenntnisse wie Elektrotechnik, Werkstoff- und Motorenkunde usw.

Die Einführung des Wehrunterrichts war ein heißes Eisen. Im Vorfeld dazu gab es eine kontroverse öffentliche Diskussion. Wir Lehrer wurden gesondert eingewiesen und mit Argumenten für die Diskussion mit den Eltern ausgestattet. In meiner Klasse prallten die Meinungen während der Elternversammlung heftig aufeinander. Wortführer bei den Attacken gegen den Wehrunterricht war ein Ehepaar, das bereits einen Ausreiseantrag in die BRD gestellt hatte und offenbar keine weiteren Repressalien befürchtete. Die Masse der Eltern nahm schließlich den Wehrunterricht stillschweigend hin.

Zum Wehrunterricht mussten die Schüler im Blauhemd erscheinen, zu Beginn strammstehen und ein Schüler hatte eine exakte militärische Meldung zu machen.

Mir passierte einmal ein Missgeschick.

Meine Klasse 10A begann im September mit dem Wehrunterricht, der Terminplan hing am schwarzen Brett aus. Nach Unterrichtsschluss sah ich mir noch einmal alle Aushänge an und stellte entsetzt fest, dass ich diesen Termin übersehen hatte. Ich rannte ins Sekretariat und bat die Sekretärin, einen neuen Zeitpunkt zu vereinbaren, aber ich erfuhr, dass das nicht möglich sei, weil von höherer Stelle eine Hospitation angekündigt war. Ich bekam einen gehörigen Schreck und befürchtete Ärger. Auf meinem Heimweg kam ich am Elternhaus eines Schülers vorbei. Ich klingelte und bat ihn, mir zu helfen. Er willigte sofort ein. Da seine Eltern ein Telefon besaßen, rief er die Mitschüler an, die telefonisch zu erreichen waren. Anschließend holte jeder von uns sein Fahrrad heraus und fuhr zu einzelnen Schülern, die meist gerade beim Mittagessen waren. Bald kreuzten sich meine Wege mit denen anderer Schüler. Dabei war Eile geboten, kurz nach 13 Uhr hatte ich mein Versäumnis bemerkt und 14.30 Uhr begann der Wehrunterricht. Die meisten Schüler wohnten im Umkreis der Schule, lediglich einer kam aus einem 2 km entfernten Dorf.

Unser Verständigungssystem klappte hervorragend. Als ich 14.15 Uhr in der Schule erschien, um mit dem Wehrkundelehrer zu reden, ihm die besondere Situation zu erklären, gegebenenfalls fehlende Schüler zu entschuldigen, stellte ich erfreut fest, alle meine Schüler erschienen pünktlich, lediglich zwei hatten in der Eile ihr Blauhemd nicht gefunden. Mir fiel ein Stein vom Herzen, voller Stolz stellte ich fest, keiner hatte mich hängen lassen.

Als Klassenleiter hatte ich nicht nur die Aufgabe, die Lehr- und Lernarbeit im Blick zu haben, sondern war auch für den **außerschulischen Bereich** zuständig, der ebenfalls breit gefächert war und unmittelbar den engeren schulischen Bereich durchdrang.

Die Schüler waren bereits von klein auf an ein Gemeinschaftsgefühl gewöhnt. Die meisten von ihnen hatten bereits die **Kinderkrippe** und den **Kindergarten** besucht. Die **Vorschulerziehung** spielte eine zentrale Rolle im gesamten Bildungssystem, auch wenn die Kinderkrippen dem Ministerium für Gesundheit unterstanden, waren sie ein entscheidender Baustein. In Meyers Universallexikon von 1980 werden sie als „...medizinisch betreute kommunale und betriebliche Einrichtung zur Pflege und Erziehung gesunder Kinder bis zum dritten Lebensjahr durch Krippenerzieher" beschrieben. 1988 erhielten 80% der werktätigen Frauen für ihre Zöglinge einen Krippenplatz. Die Plätze waren heiß begehrt, denn für monatlich 27,50 Mark, plus 35 Pfennig für Essen pro Tag wurden die Kinder liebevoll betreut. Bevorzugt bei der Vergabe von Plätzen wurden alleinstehende Mütter und Familien mit geringem Einkommen. Einige Betriebe und Institutionen richteten eigens für die Kinder ihrer Mitarbeiter Krippen- und Kindergärtenplätze ein.

In der DDR waren etwa 90% der Frauen im Alter zwischen 16 und 60 berufstätig oder in der Ausbildung. Wer also keinen Krippenplatz erhielt, musste versuchen, sein Kind anderweitig unterzubringen, manchmal kam dafür eine Oma oder eine Verwandte oder Bekannte in Frage.

Meine Kinder wurden von einer Pflegeoma betreut. Sie erhielt von uns 180 Mark monatlich für die meist nur Halbtagsversorgung, auch dann, wenn ich die Kinder in den Ferien zu Hause behielt. Frauen wurden als Arbeitskräfte gebraucht (1986 waren 49,1% aller Beschäftigten Frauen.) und außerdem benötigte man das zweite Einkommen für die Sicherung eines bestimmten Lebensstandards.

Die Öffnungszeiten der Kindereinrichtungen waren an die Arbeitszeiten der Eltern (von 6- 18 Uhr) angepasst. Für einige Kinder ergab sich so ein langer

Tag. Sie wurden dann von ausgebildeten Krippenerzieherinnen bzw. Kindergärtnerinnen betreut, die jeweils ein dreijähriges Fachschulstudium absolviert hatten. Bei der Erziehung sollten sie feste, vom Staat vorgegebene Erziehungsziele erreichen. Bereits die Kleinen hörten und sangen vom Sieg des Sozialismus, erfuhren von der Arbeit ihrer Eltern, sprachen über die Nationale Volksarmee, die Freundschaft zur Sowjetunion usw. Welche Ausmaße diese zum Teil überzogene Agitation annahm, hing entscheidend vom Personal in den Einrichtungen ab. Allgemein besuchten die Kinder gern die Vorschuleinrichtungen. Sie lernten eine Menge für den Schulalltag und hatten Freude an Feiern. Gefeiert wurde viel, z.B. Fasching, der Kindertag am 1.Juni, Nikolaus, Weihnachten, Geburtstage u.a. Die Vorbereitung auf die Schule nahm im letzten Kindergartenjahr einen großen Raum ein, sodass die Einschulung als besonderer Höhepunkt erlebt wurde. 80% der Schüler der 1. bis zur 4. Klasse besuchten nach dem Unterricht den Schulhort. Dort konnten sie für 55 Pfennig das Mittagessen einnehmen, fertigten unter Aufsicht von Horterzieherinnen (oft waren das Unterstufenlehrerinnen) die Hausaufgaben an und spielten, bis die Eltern sie abholten. Wenn beide Eltern voll berufstätig waren, wurde das für manch einen Steppke ein langer, stressiger Tag. Es gab auch Eltern, die die Betreuungsangebote ausnutzten und sich nur wenig um ihre Kinder kümmerten.

In der DDR nahm das Leben im Kollektiv eine zentrale Rolle ein. Beinahe jede Gemeinschaft wurde Kollektiv genannt, so gab es das Klassenkollektiv, das Pädagogenkollektiv, das Arbeitskollektiv usw..

Diese Vorgeschichte muss man kennen, wenn man den weiteren Schulalltag verstehen will. Die Schüler, die ich in der Mittel- und Oberstufe erlebte, brauchten auch am Nachmittag sinnvolle Freizeitangebote. Wie bereits erwähnt, war die Kinder- und Jugendorganisation fest in den

Erziehungsauftrag der Schule eingebunden. Etwa 95% aller Schüler wurden bereits in der ersten Klasse Mitglied der Pionierorganisation „Ernst Thälmann", trugen zunächst das blaue Halstuch als „Jungpionier", wurden dann in der 4. Klasse „Thälmann-Pionier" und erhielten das rote Halstuch Die dreieckigen Halstücher hatten Symbolcharakter, so verdeutlichten sie das Zusammenspiel von Elternhaus, Schule und Jugendverband. In der 8. Klasse traten die Jugendlichen in die FDJ(Freie Deutsche Jugend) ein, die einzige offiziell zugelassene Jugendorganisation der DDR, die als Nachwuchsorganisation der SED galt. Man nannte die FDJ deshalb auch „Kaderschmiede" oder „Kampfreserve" der Partei. Als äußeres Zeichen trugen die Mitglieder das Blauhemd, die Mädchen trugen es als Bluse, die Jungen als Hemd. Auf dem linken Ärmel zierte es eine aufgehende Sonne - das Symbol der sozialistischen Jugendorganisation. Die Jugendlichen mussten die Verbandskleidung beispielsweise am ersten Schultag, jeden Mittwoch, bei Pionier - und FDJ-Veranstaltungen, bei der Zeugnisausgabe und die Schüler der Abschlussklasse bei den Prüfungen tragen. Das sollte ihre Verbundenheit zum Arbeiter-und-Bauern-Staat zeigen. Die Einhaltung dieser Anordnung wurde in unserer Schule streng kontrolliert. Manche Schüler, besonders der oberen Klassen, machten sich einen Spaß daraus, indem sie von ihrem FDJ-Hemd den Kragen abtrennten, diesen dann unter dem Pullover hervor gucken ließen, es dem Verantwortlichen zeigten und dann den Kragen spätestens nach der großen Pause in die Schultasche steckten.

In den Klassen, die ich führte, waren jeweils alle Schüler Mitglied der Kinder- und Jugendorganisation.

An jeder POS war ein hauptamtlicher Freundschaftspionierleiter eingestellt, (meist eine Pionierleiterin) der seine Qualifikation am Institut für Lehrerbildung auch als Unterstufenlehrer erworben hatte. Belegte er ein weiteres Fach, oft war das Staatsbürgerkunde, konnte er stundenweise in der Mittel- und Oberstufe tätig sein.

Dieser Freundschaftspionierleiter stand der Pionier - und FDJ- Organisation vor, organisierte und kontrollierte die Pionier - und FDJ-Arbeit an der Schule. Ihm zur Seite standen die gewählten Leitungen der jeweiligen Klassen. Zu Beginn des Schuljahres erfolgte die Wahl der Gruppenräte bei den Pionieren und die Wahl der FDJ-Leitungen. Diese bestanden meist aus 6-8 Schülern: dem Gruppenratsvorsitzenden, dem Stellvertreter, dem Kassierer, dem Schriftführer, dem Agitator und manchmal einem Wandzeitungsverantwortlichen. Analog war es in den FDJ-Leitungen. Außerdem wurde ein direkter Verbindungsmann zur Pionierleiterin gewählt, bei den Pionieren war das das Freundschaftsratsmitglied und bei den FDJlern das GOL-Mitglied (GOL= Grundorganisationsleitung). Diese Verantwortlichen hatten die Vorgaben der Pionierleiterin, die diese von der SED-Kreisleitung erhielt, in die einzelnen Klassen durchzustellen. Sie informierten auch den Klassenleiter.

Auch wenn jede Schule einen Freundschaftspionierleiter besaß, blieb die Hauptarbeit beim Lehrer. Er hatte ausgehend von seinem Klassenleiterplan, den er der Schulleitung vorlegen musste und in dem Vorhaben der Klasse, Verantwortlichkeiten, Erziehungsziele, Termine, Einbeziehung der Eltern und der Patenbrigade genau ausgewiesen werden mussten, vorzugehen und entsprechend erarbeiteten die einzelnen Klassenkollektive ihren Gruppenplan. Diesen hatten sie der Pionierleiterin zur Bestätigung vorzulegen. Auf der Grundlage dieses Planes, auch „Kampfprogramm" genannt, erfolgte dann die Festlegung der konkreten Pionier - bzw. FDJ-Aufträge für jedes einzelne Mitglied. In diesem Auftrag sollten zum einen die schulischen Ziele genau formuliert sein und zum anderen musste der gesellschaftliche Beitrag ausgewiesen werden. Zum Ende des Schuljahres erfolgte dann eine individuelle und kollektive Rechenschaftslegung. Die einzelnen Klassenkollektive standen untereinander im „sozialistischen Wettbewerb". Die Endeinschätzung wurde dann öffentlich beim Fahnenappell vorgenommen, die besten wurden belobigt und erhielten Anerkennungen. Die Endabrechnung der einzelnen „Kampfaufträge" bildete eine wesentliche Grundlage für die Zeugnisbeurteilung. Wer eine weiterführende Schule besuchen wollte, wusste, dass er dazu eine positive Einschätzung brauchte, und war deshalb meist bereit, wichtige Funktionen und Aufträge zu übernehmen. Mitglied einer Leitung zu sein, galt als Ehre, zählte man dann doch zu den besten Schülern und war anerkannt. Mit der Übernahme von Leitungsfunktionen war auch zusätzliche Arbeit verbunden. Der Gruppenratsvorsitzende und sein Stellvertreter, bzw. der FDJ-Sekretär und sein Stellvertreter mussten zu Anleitungsveranstaltungen erscheinen, die oft als langatmig empfunden wurden. Dort erfuhren sie, welche Aufträge zu erfüllen waren und mussten über Erreichtes berichten. Zeigten sich Mängel, sollten sie diese mit Hilfe des Klassenlehrers abstellen. Probleme gab es häufig mal bei der Beitragskassierung. Jeder Schüler zahlte im Monat 10 Pfennig, erhielt dafür Marken, die er in seinen Pionier - bzw. FDJ-Ausweis einzukleben hatte. Manche Schüler zahlten nicht pünktlich, sodass der Kassierer nicht termingemäß abrechnen konnte, andere klebten die Marken nicht ein. So gab es dann den Rüffel und die Unterstützung des Lehrers wurde gebraucht. Die Schriftführer fertigten in der Regel Protokolle von Versammlungen an und schrieben bzw. ließen von Mitschülern Berichte von Veranstaltungen schreiben, die ins sog. Gruppenbuch kamen. Dieses gab dann Aufschluss über die Aktivitäten des Kollektivs und wurde auf Versammlungen auch den Eltern vorgelegt. Für die Wandzeitungsarbeit galt es solche Schüler zu finden, die zuverlässig waren und über entsprechendes künstlerisches Geschick verfügten. Die Pionierleiterin gab die jeweiligen Themen, meist zu politischen Ereignissen, vor, legte oft noch Material dazu und kontrollierte später gemeinsam mit dem Freundschaftsrat und der GOL das Ergebnis, das in die Endabrechnung einfloss. Eine schwierige Arbeit übernahm der Agitator. Er hatte an unserer Schule die Aufgabe, am Mittwochmorgen, in der ersten Stunde, seine Klassenkameraden über das aktuelle politische Geschehen zu informieren, sie zur eigenen Information anzuregen und ihre Meinungen einzufordern und diese wiederum an die Pionierleitung weiterzugeben.

Das war nicht immer leicht, denn längst nicht alle Schüler sahen die „Aktuelle Kamera" (Nachrichtensendung der DDR) oder lasen die Tageszeitung. Viele empfanden ihre sog. „Rotlichtbestrahlung" als lästig. Ähnlich schwierig gestaltete sich die Durchführung des Pionierzirkels „Unter der blauen Fahne" und bei den FDJlern das „FDJ-Studienjahr", das ab 1950 eingeführt wurde. Hierfür erhielten die Schüler zentrales

Informationsmaterial, in dem Themen vorgegeben waren, die behandelt werden mussten. Der Agitator konnte die Veranstaltung selbst leiten (das war der Idealfall), Mitschüler mit einbeziehen, sich Gäste (Eltern, Vertreter der Patenbrigade oder staatlicher Organisationen und Parteien einladen), oft nahm der Klassenlehrer das auch in die Hand. Am Ende des FDJ-Studienjahres erfolgte die Prüfung für das Abzeichen „Für gutes Wissen", das in Gold, Silber und Bronze vergeben wurde. Eine Kommission unter Vorsitz des Freundschaftspionierleiters, mit Vertretern der GOL und der FDJ-Leitung nahm die Prüfung ab. Die Pionierorganisation verlieh ebenfalls ab 1950 das Abzeichen „Für gute Arbeit in der Schule". Damit sollten besondere Erfolge beim Lernen, gepaart mit gesellschaftlicher Arbeit belohnt werden. Diese Auszeichnungen wurde auch auf dem Zeugnis vermerkt.

Ich begriff bald, dass die Auswahl der Leitungskader eine besonders große Rolle spielte, davon hing entscheidend ab, wie selbstständig die zentralen

Vorgaben umgesetzt werden konnten. Deshalb war man als Klassenleiter gut beraten, sich die geeigneten Schüler schon mal auszusuchen und im Hintergrund Einfluss auf die zu wählenden Kandidaten zu nehmen. Das konnte das eigene Arbeiten wesentlich erleichtern und bot einzelnen Schülern die Chance, sich zu profilieren und sich auf einem weiten Feld zu erproben, was ihnen später bei der Ausbildung zugute kam.

Als Klassenleiter musste man alle Aktivitäten der Schüler im Blick haben. Aus heutiger Sicht kann ich kaum nachvollziehen, wie breit das Spektrum war. Immer neue Dinge fallen mir ein, sodass ich nicht den Anspruch auf Vollständigkeit erhebe.

Für die Jungen Pioniere wurde das Buch „Timur und sein Trupp" von Arkadi Gaidar zum Leitfaden, zum Kultbuch. Es schildert Heldentaten einer kleinen Kindergruppe im frühen Sowjetrussland. So edel, hilfreich und gut wünschte sich die SED-Führung ihre Kinder.

Wir Lehrer hielten vor allem die jüngeren Kinder an, älteren, hilfsbedürftigen Menschen zu helfen, das war die sog. „Timurhilfe". Kinder kauften für Gehbehinderte und Kranke ein, holten die Kohlen aus dem Keller, entsorgten die Altstoffe u.a. Letzteres war für beide Seiten von Vorteil, denn das Altstoffsammeln gehörte in jedes Kampfprogramm. Die Pioniere und FDJ-ler standen untereinander im Wettbewerb. Die Altstoffe wurden regelmäßig entsorgt, die Industrie erhielt die dringend benötigten Rohstoffe und die Kinder bekamen Geld, womit sie zum einen ihr Taschengeld aufbesserten, aber das meiste floss in die Klassenkasse. Diese Gelder wurden dann für Klassenfeste, Theaterbesuche, Exkursionen und Ferienfahrten verwandt und kamen somit den Einzelnen wieder zugute. Auch das Kartoffelstoppeln im Herbst war eine beliebte Einnahmequelle. Durch Wettstreit untereinander konnte man die Schüler zu guten Leistungen anspornen.

Wettbewerbe spielten in der DDR eine große Rolle.

Es gab sie auf vielen Ebenen: auf künstlerischem Gebiet – die **„Galerie der Freundschaft",** hier stellten Schüler ihre Kunstwerke aus, zunächst in der Schule, die besten kamen zur Kreisgalerie, dann zum Bezirk und letztlich in den Republiksausscheid. Ausscheide auf musikalischem Gebiet förderten neue Talente zu Tage.

Die **Olympiadebewegung** gab es breit gefächert und wie bereits erwähnt, auf verschiedenen Ebenen. Bekannt sind vor allem die Mathematik- und Russischolympiaden.

Besonders entwickelt waren die Aktivitäten auf sportlichem Gebiet, **die Spartakiadebewegung.** In den Schulen wurden sportliche Talente in vielen Bereichen gefördert, die Schulen standen untereinander im Wettstreit, große Talente trainierten in speziellen Trainingszentren (TZs) und konnten an die eigens eingerichteten Kinder- und Jugend-Sportschulen (KJS) delegiert werden.

Die kreativen Kräfte sollten mittels der **Messe der Meister von Morgen (MMM)** gefördert werden, d.h. jede Klasse war aufgefordert, zwei, drei Exponate zur Ausstellung zu bringen. Das machte mir als Klassenleiter immer besondere Sorgen, da ich selber kein großer Tüftler bin, benötigte ich die Hilfe von Eltern oder der Patenbrigade.

Im Winter führten die Pioniere das Manöver „Schneeflocke" durch, bei dem sie verschiedene touristische Stationen zu durchlaufen hatten, für die FDJ-ler gab es die „Tage der Wehrbereitschaft", bei den Mädchen war das mit einer DRK- Ausbildung verbunden und die Jungen absolvierten vormilitärische Übungen.

Die Auswertung der Ergebnisse erfolgte in der Schule bei den Fahnenappellen. Dazu und zu besonderen Anlässen versammelten sich Schüler und Lehrer auf dem Schulhof, bildeten um den Fahnenmast ein Karree und mussten stramm stehen, wenn der militärische Befehl „Hisst Fahne!" ertönte. Schüler, die besondere Leistungen vollbracht hatten, durften vortreten und wurden belobigt, besonders stolz präsentierten sie ihre bei der Spartakiade errungenen Medaillen. Aber auch Schulstrafen wurden beim Appell ausgesprochen. Mit der Gestaltung des Appells wurden abwechselnd die einzelnen Klassen beauftragt, sie suchten dann das Lied aus, das gesungen wurde, trugen Gedichte vor, stellten denjenigen, der den Appell leitete und den, der die Fahne emporzog. Alles geschah auf Kommando. Wenn Appelle zu besonderen Ereignissen sehr langatmig gestaltet wurden, fiel es uns Lehrern schwer, die Schüler ruhig zu halten. Es kam manchmal vor, dass Schüler vortreten mussten, weil sie den Ablauf störten.

Einen besonderen Höhepunkt im Schülerleben bildete die Jugendweihe. Rund 98% aller Schüler der 8. Klassen nahmen daran teil. Die DDR griff dabei auf eine Tradition zurück, die bis ins 19. Jahrhundert zurück reicht. Mit der Herausbildung Freireligiöser Gemeinden entstanden auch ein eigener Religionsunterricht und eine neue Weiheform als Alternative zur Konfirmation. Mit der Herausbildung der Sozialdemokratie wurde die neue Weiheform zunehmend in die sozialen und politischen Auseinandersetzungen eingebunden. 1889 fand in Berlin die erste proletarische Jugendweihe statt. Seit 1942 machten sich die Nazis diese Tradition zunutze. Sie organisierten Feiern zur „Verpflichtung der Jugend", bei denen das „Gelöbnis auf Führer und Fahne" abgelegt und oft Hitlers „Mein Kampf" als Geschenkbuch überreicht wurde.

Nach 1945 wurde in der SBZ die proletarische Tradition der Jugendweihe wieder belebt. Die SED hielt sich zunächst zurück. Als 1952 vom Politbüro der SED der Beschluss „Zur Erhöhung des wissenschaftlichen Niveaus des Unterrichts und zur Verbesserung der Parteiarbeit an den allgemeinbildenden Schulen" gefasst wurde, war ein klares sozialistisches Erziehungsziel gestellt. Die Auswirkungen des 17. Juni 1953 und der Zustrom Heranwachsender zur „Jungen Gemeinde" ließen es notwendig erscheinen, ein zusätzliches Instrument zur Bindung Jugendlicher an den Staat zu schaffen.

Am 13.11.1954 verfassten namhafte Persönlichkeiten, darunter der damalige Kultusminister Johannes R. Becher, Anna Seghers, Adolf Hennecke u.a. einen Aufruf zur Jugendweihe. 1955 wurden auf Orts-, Kreis- und Bezirksebene zentrale Ausschüsse gebildet. 1955 nahmen rund 18% der Jugendlichen an der Jugendweihe teil, 1960 waren es bereits 88% und später, wie bereits erwähnt, über 98%. Die Teilnahme an der Jugendweihe wurde als „Für oder gegen den Staat" deklariert. Wer sich verweigerte, konnte mit Benachteiligungen beim weiteren Bildungsweg rechnen. Die Kirchen protestierten zunächst heftig, besonders die katholische Kirche, die protestantische Kirche gab nach und nach ihren Widerstand auf und nahm meist im folgenden Jahr sogenannte „Nachkonfirmationen" vor.

Wenn man Klassenlehrer einer 8.Klasse war, wurde man zum Jugendstundenleiter berufen. Eine ehrenvolle Aufgabe, die mit viel zusätzlicher Arbeit verbunden war. Das gesamte Schuljahr stand dann im Zeichen der **Jugendweihe**. Neben dem Klassenleiterplan musste dann noch ein gesonderter Jugendweiheplan vorgelegt werden, in dem die einzelnen Jugendstunden entsprechend einem obligatorischen Programm exakt geplant wurden. Sie fanden monatlich bis zur Jugendweihefeier, im April oder Mai, statt. Im Ortsausschuss für Jugendweihe hatte man es manchmal mit recht borniertten Leuten zu tun, die bereits am Ende des 7. Schuljahres einen terminlich genauen Plan verlangten, obwohl man gar nicht wusste, wie der Stundenplan der Schüler aussehen würde.

Eine der ersten Jugendstunden fand in einem Konzentrationslager statt. Von unserer Schule aus fuhren wir meist ins KZ Sachsenhausen. Dort wurden die Jugendlichen mit dem antifaschistischen Widerstandskampf bekannt gemacht und erfuhren an Ort und Stelle von den Greueltaten der Nazis, die sie aus zahlreichen Filmen und Büchern bereits kannten. An dieser historischen Stätte erfolgte in der Regel auch die Aufnahme in die FDJ. Andere

Jugendstunden führten uns ins Theater, wir warfen einen Blick hinter die Kulissen, konnten mit Schauspielern sprechen und sahen uns dann gemeinsam eine Aufführung an, meist ein Jugendstück. Der Besuch des Museums, die Teilnahme an einer Gerichtsverhandlung, Gespräche in Betrieben und Einrichtungen gehörten ebenfalls zum Programm. Die einzelnen Jugendweihegruppen erhielten jeweils einen Festredner zugeteilt, den sie in speziellen Veranstaltungen kennen lernten. Bei meinen Klassen waren das einmal der Bürgermeister, einmal der Erste Sekretär der Kreisleitung der SED und zweimal der jeweilige Vorsitzende des Rates des Kreises. Diese Leute fanden nur selten einen Draht zu den Jugendlichen. Mir kam es so vor, dass die Funktionäre es von den mcisten Leuten gewohnt waren, dass sie vor ihnen strammstanden, aber die Schüler hinterfragten vieles kritisch und das wurde ihnen unangenehm. Leider kann ich mich nur noch an ein Thema der Jugendstunden genau erinnern.

Das ist das Thema „Von der Sowjetunion lernen, heißt siegen lernen". Diese Veranstaltung war ein heißes Eisen. Die jungen Leute hatten so ihre Kenntnisse und von Eltern und Großeltern vermittelte Erfahrungen, dass sie oft renitent auftraten, ganz zum Entsetzen der Verantwortlichen. Als Klassenlehrer musste man dann regulierend eingreifen.

Den besonderen Höhepunkt bildete selbstverständlich die Jugendweihefeier. Sie wurde sorgfältig geplant und vorbereitet. Der Festredner sprach mit den Jugendweiheteilnehmern das Gelöbnis durch, Tage vorher wurde im Saal der Ablauf geprobt. Die Jugendlichen nahmen zu zweit Aufstellung, übten den Einmarsch, mussten sich ihren vorbestimmten Platz und das Zeichen zum Setzen merken, marschierten schon mal zur Probe in Gruppen auf die Bühne, damit am Festtag alles reibungslos lief.

Die Aufregung vor der Jugendweihe war gewaltig. Kopfzerbrechen bereiteten den Familien, was das

Kind zu seinem großen Tag anziehen sollte, und die Ausrichtung der meist großen Familienfeier. Lange vorher bemühte man sich um eine Gaststätte, denn die Lokale waren an diesen Tagen sehr gefragt.

Die eigentliche Feierstunde wurde von vielen lediglich als notwendiger Akt empfunden. Der Ablauf folgte in all den Jahren in etwa dem gleichen Schema. Die Weihefeiern wurden von unserer Schule im Saal des Kulturhauses oder im Theater durchgeführt. Sie begann mit dem feierlichen Einmarsch der Jugendlichen, ihnen voran schritt der Festredner mit dem Jugendstundenleiter. Wenn alle Platz genommen hatten, wurde ein kleines Programm dargeboten, das aus klassischer Musik und Rezitationen bestand. Anschließend ergriff der Festredner das Wort. Seine lange, oft nicht sehr auf die Jugendlichen zugeschnittene Rede sollte den jungen Menschen ihre Verantwortung bei die Gestaltung der sozialistischen Gemeinschaft bewusst machen und sie zum aktiven Mitwirken animieren. Danach standen die Jugendlichen auf und legten ein Gelöbnis auf Partei und Staat ab. Den Höhepunkt für die Schüler bildete die Gratulation. Zu diesem Zweck wurden sie in kleinen Gruppen auf die Bühne gerufen, konnten in den Saal zu ihren Angehörigen sehen und wurden in ihrer Festkleidung bewundert. Der Festredner und der Schulleiter beglückwünschten sie, der Klassenleiter überreichte ihnen ein Buch (In den ersten Jahren war es das Buch „Weltall, Erde, Mensch", später ein Band mit dem Titel „Vom Sinn unseres Lebens".) und Jungpioniere brachten ihnen ein Blumensträußchen. Ein Vertreter des Elternbeirates trug einen Spruch zum Geleit vor. Wenn alle Schüler wieder Platz genommen hatten, bedankte sich ein Jugendweiheling bei Eltern, Großeltern und Erziehern. Zum feierlichen Abschluss erklang die Nationalhymne. Dann folgte das obligatorische Gruppenfoto. Während sich die Gäste verstreuten und sich auf das anschließende Familienfest freuten, atmeten wir Verantwortlichen auf, das alles geklappt hatte.

In jeder Klassenstufe galt es, bestimmte Schwerpunkte zu bewältigen. War es in der 8. Klasse die Jugendweihe, folgte in der 9. Klasse die Bewerbung der Schüler. Zwar wusste jeder Schüler, dass er eine Lehrstelle bekommen würde, aber was das für eine sein würde, hing von mehreren Faktoren ab. Neben Leistung waren der Berufswunsch, die gesellschaftliche Notwendigkeit und nicht zuletzt die Beziehungen entscheidend.

Der Klassenlehrer und die Berufsberater des Arbeitsamtes erfassten zunächst die Berufswünsche der Schüler, während eines Elternabends wurden die Eltern vom Berufsberater über Möglichkeiten und Chancen der beruflichen Ausbildung informiert. Daraufhin suchten Eltern mit ihren Kindern die Berufsberatung auf und erkundigten sich konkret zu einzelnen Berufsbildern und den dazu nötigen Voraussetzungen.

In den Herbstferien erhielten alle Schüler zum gleichen Zeitpunkt eine Bewerberkarte ausgehändigt. Damit bewarben sie sich in einem

Betrieb. Dort gab es jeweils Kommissionen, die eine Auswahl trafen. Oft ging ein Einstellungsgespräch mit dem Jugendlichen voraus. Innerhalb von vier Wochen musste der Betrieb sich entscheiden. Jugendliche, die eine Absage erhielten, bekamen ihre Bewerberkarte zurück und versuchten es in weiteren Betrieben. Klassenleiter und stellvertretende Direktoren waren genau über den jeweiligen Stand informiert und halfen, bis der letzte Bewerber etwas gefunden hatte. Es ist verständlich, dass nicht jeder seinen Traumberuf erwählen konnte. Letztlich bot sich später über die Erwachsenenqualifizierung noch die Möglichkeit eines Wechsels.

Nicht so gefragt waren Berufe, in denen überwiegend monotone Maschinen- oder Schichtarbeit vorherrschten.

Am besten hatten es natürlich die leistungsstarken Schüler. Sie hatten die Wahl zwischen der weiterführenden Schule, der EOS, und einer Berufsausbildung mit Abitur (z.B. Agrotechniker,

Betonfacharbeiter, Landmaschinen- und Traktorenschlosser mit Abitur- allerdings gab es diese Möglichkeit nur im begrenzten Umfang, etwa 1 bis 2 Schüler pro Klasse), um die Voraussetzung für ein Hochschulstudium zu erreichen. Nach Abschluss der 10. Klasse konnten Schüler auch eine medizinische oder pädagogische Fachschule besuchen. Beide Richtungen waren vor allem bei Mädchen sehr begehrt. Sie wurden dann Unterstufenlehrerin, Kindergärtnerin, Krippenerzieherin, Krankenschwester usw. Für die letztgenannten Möglichkeiten benötigte der Schüler zusätzlich eine Einschätzung der Schule. Erst, wenn Leistungen und gesellschaftliche Aktivität positiv beurteilt wurden, hatte der Bewerber eine Chance.

Jeder Klassenleiter war verpflichtet, für bestimmte Berufe zu werben und seine Aktivitäten bereits im Klassenleiterplan auszuweisen. Geworben wurde vor allem für die NVA (Nationale Volksarmee), für Berufe in der Landwirtschaft und für den pädagogischen Nachwuchs. Jeder Junge wusste, dass seine Chance, zur EOS zu kommen, sich vergrößerte, wenn er seine Bereitschaft, 3 Jahre in der NVA zu dienen, schriftlich bekundete, was ihm dann später beim Studium 100 Mark zusätzlich zum Stipendium brachte. Jungen, die sich für eine militärische Laufbahn entschieden, wurden bevorzugt auf die EOS delegiert.

Das Ergebnis dieser Werbeaktionen war gleichzeitig ein Kriterium für die Bewertung der Klassenleitertätigkeit.

Für die 10. Klasse bildeten die Abschlussprüfungen den Schwerpunkt. Die Schüler legten in vier Fächern nach zentralen Vorgaben schriftliche Prüfungen ab. Im Frühjahr begann es mit einer zweistündigen Russischprüfung, bei der ein Text übersetzt werden musste und anschließend Fragen dazu beantwortet werden sollten. Anfang Mai folgten dann die übrigen drei vierstündigen schriftlichen Prüfungen im Fach Deutsch, in Mathematik und im Wahlfach. Der Schüler konnte zwischen den naturwissenschaftlichen Fächern Biologie, Chemie und Physik wählen. Die mündlichen Prüfungen wurden für den einzelnen Schüler entsprechend der Ergebnisse der schriftlichen Arbeiten, seiner Vorzensur und seinen eigenen Wünschen durch die Lehrerkonferenz festgelegt. Dabei lag die Anzahl der mündlichen Fächer zwischen zwei und fünf.

Am Prüfungstag erschien der Schüler in FDJ-Kleidung. Von ihm wurde ein gepflegtes Äußere erwartet, entsprach er dem nicht, wurde er nach Hause geschickt und musste zum späteren Zeitpunkt wieder kommen. Die meisten Schüler bereiteten sich fleißig auf die Prüfung vor, wer aber nichts tat, trat auch mal zum zweiten Versuch an. Das konnte am Ende der Ferien sein oder bereits nach 14 Tagen. Bei der Wiederholungsprüfung konnte man manchmal wahre Wunder erleben. Für mich war das der Beweis, was der Einzelne alles kann, wenn er wirklich will. Ohne bestandene Abschlussprüfung hatte der Lehrvertrag keinen Wert. In manchen Betrieben wurden schon bei Abschluss des Lehrverhältnisses klare Erwartungen an den künftigen Lehrling geäußert, was sehr motivierend wirken konnte.

Jeder Schüler erhielt auf seinem Abschlusszeugnis entsprechend der erteilten Noten ein Gesamtprädikat verliehen. Es hieß „mit Auszeichnung bestanden", „sehr gut", „gut", „befriedigend" und „bestanden".

Neben diesen Schwerpunktaufgaben hatte man als Lehrer auch viel Kleinarbeit zu leisten. In der DDR wurde die Versorgung der Kinder mit Trinkmilch groß geschrieben. Es konnte zwischen einfacher Milch, Fruchtmilch und Kakao gewählt werden. In jeder Klasse gab es einen sogenannten „Milchdienst", meist zwei Schüler, die dies als Pionier - oder FDJ-Auftrag übertragen bekamen. Sie erfassten die Wünsche ihrer Mitschüler in Listen, kassierten das Milchgeld, holten den Milchkasten zur Frühstückspause aus dem Keller, verteilten die Milchflaschen, achteten darauf, dass jeder seine leere Flasche wieder in den Kasten zurückstellte und spülten in der großen Pause die Milchflaschen aus, um sie beim Hausmeister abgeben zu können.

Zu den unangenehmen Aufsichtspflichten gehörte in größeren Abständen auch die Essenaufsicht. Die meisten Schüler aßen in der Schulküche. Für ein geringes Entgelt von 55 Pfennig erhielten sie eine warme Mahlzeit mit Nachtisch. Wer großen Hunger hatte, bekam noch einen kostenlosen Nachschlag. Mir kam es so vor, dass einige Schüler und Eltern dieses Angebot nicht zu schätzen wussten. Kein Schüler durfte wegen ungebührlichen Verhaltens vom Essen ausgeschlossen werden. Als Lehrer musste man aufpassen, dass jeder seinen Platz sauber verließ. Eine nicht immer einfache Aufgabe! Besondere Vorkommnisse wurden in ein Heft eingetragen und in der Schule gemeldet. Der Schulleiter informierte den Klassenleiter und der wertete das Geschehen dann mit dem betroffenen Schüler oder auch mit dessen Eltern aus. In seltenen Fällen wurde beschlossen, der Schüler holt seine Essensportion und nimmt sie zu Hause ein.

So wie ich meine Schüler kontrollierte, erfolgte auch die Kontrolle der Lehrer und Erzieher durch die

Schulleitung. Der Direktor beobachtete die Arbeit seiner Kollegen genau und machte sich zur Arbeit jedes Einzelnen Aufzeichnungen, die er bei Aussprachen und zur Erstellung von Beurteilungen heranzog.

Jeder Lehrer war verpflichtet sich ständig weiterzubilden. An der Schule existierten für die einzelnen Fächer **Fachzirkel,** die regelmäßig, etwa monatlich, tagten, um die vielen praktischen Fragen wie Festlegung von Bewertungsrichtlinien, Einsatz von Lehr- und Lernmitteln, Gestaltung der Fachkabinette, Erarbeiten von Vergleichsarbeiten, Vorbereitung von Wettstreiten (z.B. Vorlesewettbewerb oder Olympiaden) und der Abschlussprüfung zu lösen und eine gemeinsame Linie festzulegen. Außerdem dienten sie dem Erfahrungsaustausch unter den Kollegen. Neue Ideen und Methoden wurden vorgestellt und besprochen.

Diese Arbeit an den einzelnen Schulen fand ihre Fortsetzung im Kreis. Für jedes Fach gab es eine

Fachkommission, in der Kollegen aus verschiedenen Schulen wichtige Fragen des Unterrichts berieten und gemeinsam mit dem **Fachberater** Fachzirkel auf Kreisebene vorbereiteten und durchführten. In dem Zusammenhang gab es auch Gruppenhospitationen, in deren Anschluss unterrichtsspezifische Fragen geklärt wurden. Als Fachberater wählte die Abteilung Volksbildung (unsere vorgesetzte Dienststelle) mit Abstimmung der SED-Kreisleitung meist erfahrene Pädagogen aus, die alle im Kreis tätigen Lehrer im Unterricht aufsuchten, einige Stunden hospitierten, die Unterrichtsstunden auswerteten und die Kollegen berieten, wie es ihre Bezeichnung bereits sagt. Sie informierten über neue Publikationen und Lehrmittel, deren effektiven Einsatz und gaben konkrete Hilfen und Hinweise für die Unterrichtsgestaltung. Die Schulleitung wurde ebenfalls über das Ergebnis der Hospitationen informiert. Das brachte den Fachberatern den hämischen Titel „Fachberichter" ein. Das Auftreten des Fachberaters hing entscheidend von der jeweiligen Persönlichkeit ab, den einen sah man gern, nahm seine Hinweise an, beherzigte Kritik, den anderen weniger gern und es gab Kollegen, die sich regelrecht vor ihnen fürchteten, was wiederum sehr unterschiedliche Gründe haben konnte.

Weiterbildungsangebote gingen aber auch weit über diesen Rahmen hinaus. So gab es Angebote zu speziellen fachlichen, methodischen, pädagogischen, politischen und rechtlichen Fragen, die häufig von Vertretern der Hochschulen bestritten wurden. Sie konnten sich über einen oder mehrere Tage erstrecken und fanden teils in der Unterrichtszeit, teils in den Ferien statt. Als zum Beispiel ein neuer Lehrplan im Fach Geschichte eingeführt wurde, nahmen alle Geschichtslehrer am sogenannten 60-Stunden-Programm teil. Ich absolvierte es an der Pädagogischen Hochschule Potsdam. Dort gab es einen ausgezeichneten Geschichtsmethodiker, der seine Vorlesungen sehr praxisnah gestaltete. Wir empfanden seine

Darlegungen als echte Bereicherung, was durchaus nicht bei allen Veranstaltungen so war.

Letzteres traf besonders auf die politisch-ideologische Weiterbildung zu, die „Rotlichtbestrahlung". Neben der Beeinflussung durch die Massenmedien gab es unzählige Veranstaltungen zur politischen Agitation auf verschiedenen Ebenen.

Das Schuljahr begann in der DDR für uns Lehrer immer im August mit der Vorbereitungswoche Ende des Monats. Den Auftakt bildete die Kreisparteiaktivtagung, zu der die Schulleitungen, die Parteisekretäre, Fachberater und verdienstvolle Kollegen eingeladen und auf den jeweiligen politischen Kurs eingeschworen wurden. Meist hatten sich gravierende Dinge in den großen Ferien ereignet, deren Bewertung an allen Kollegen weitergegeben werden sollte. Dazu diente dann der **Pädagogische Rat** (die Versammlung aller Lehrer und Erzieher einer Schule). Diese mehrmals im Schuljahr stattfindende Veranstaltung begann immer mit der Information über aktuelle Ereignisse und der anschließenden Diskussion politischer Themen. Die Schulleitung hatte Meinungen der Kollegen zu erfassen und an vorgesetzte Dienststellen zu melden. Oft wurden bereits im Vorfeld bestimmte Kollegen aufgefordert, sich zu Problemen zu äußern. Einige fürchteten sich davor oder schrieben ganze Passagen aus dem „Neuen Deutschland" (ND = Zentralorgan der SED) ab und lasen sie dann vor. Kritische Meinungen wurden vereinzelt geäußert, aber wenig beachtet. Meist hieß es: „Vielen Dank, Kollege, kommen wir nun zum nächsten Punkt der Tagesordnung."

Lebhafter verliefen alle Diskussionen, die zu Versorgungsproblemen geführt wurden. Sie bildeten einen neuralgischen Punkt und drohten schnell aus dem Ufer zu laufen. Alle Einschränkungen wurden mit der Notwendigkeit der Friedenssicherung begründet. Es gab bald sogar bei den Schülern das geflügelte Wort „Hauptsache ist Frieden". Wer wollte dem schon widersprechen!

Für die tägliche Unterrichtsarbeit hatten die **Dienstberatungen** eine entscheidende Funktion. Auf ihnen wurden konkrete Vorhaben und aufgetretene Probleme besprochen, Termine abgestimmt, Auswertungen vorgenommen, Beschlüsse gefasst usw.

Neben den fachlichen und organisatorischen Fragen nahm die politisch-ideologische Weiterbildung breiten Raum ein. Die Genossen spielten eine besondere Rolle. Sie führten regelmäßig ihre Parteiversammlungen durch und sollten überall an der Spitze stehen. Für sie war es selbstverständlich sich zu duzen. Schon daran konnte man sie ausmachen. Um alle Lehrerinnen und Lehrer zu erreichen, spielte das **Parteilehrjahr** eine wesentliche Rolle. An ihm mussten alle Kollegen teilnehmen und nach einem konkret vorgegebenen Plan (als Broschüre gedruckt und käuflich zu erwerben) bestimmte Themen abarbeiten. Dazu wurde das Kollegium in einzelne Gruppen aufgeteilt, in denen jeweils ein Genosse der SED als

Zirkelleiter fungierte. Von ihm hing es wesentlich ab, wie sich die Gesprächsrunden gestalteten. Einigen gelang es, eine recht freimütige Aussprache zu führen, während andere sich lediglich die Phrasen aus der öffentlichen Propaganda vorlasen und kritische Fragen unterdrückten.

Die technischen Kräfte der Schule blieben ebenfalls nicht von der politischen Beeinflussung verschont, für sie gab es die **„Schule der sozialistischen Arbeit"**. An unserer Schule leitete ich viele Jahre diese gemütliche Kaffeerunde, bei der Fragen der täglichen Arbeit besprochen wurden und politische Diskussionen einflossen. In Vorbereitung gab es extra eine Anleitungsveranstaltung auf Kreisebene.

Alle an der Schule arbeitenden Lehrkräfte waren außerdem gewerkschaftlich organisiert, also Mitglied der Einheitsgewerkschaft FDGB. Neben der politischen Beeinflussung wurde die Gewerkschaftsarbeit vor allem als Beitrag zur Verbesserung der Arbeits- und Lebensbedingungen wahrgenommen. Mit den ihr zur Verfügung stehenden Geldern sorgte sie u.a. für eine gute Ausstattung der Lehrerzimmer, organisierte zahlreiche Höhepunkte wie Buchlesungen, Sportveranstaltungen, Familienausflüge, Grillfeten, Betriebsfeste, Kinderweihnachtsfeiern usw. Diese Angebote fanden breiten Zuspruch. In gelockerter Atmosphäre, manchmal mit Partnern und auch Kindern, lernten sich die Kollegen besser kennen und verstehen, was letztlich das Arbeitsklima positiv beeinflusste und wie es damals hieß, „zur Festigung des Kollektivs" beitrug. Gegenseitige Hilfe und Zusammenarbeit spielten eine große Rolle. Das half neuen, vor allem jüngeren Kollegen, schneller Fuß zu fassen und auftretende Probleme zu lösen.

Die einzelnen Pädagogenkollektive kämpften um den Ehrentitel „Kollektiv der sozialistischen Arbeit". Zu diesem Zweck wurde eigens ein sogenanntes Kampfprogramm aufgestellt, in ihm ging es um fachliche Leistungen und die politisch-ideologische Haltung der Kollegen. Dazu zählte auch die Mitgliedschaft in Parteien und

Massenorganisationen, die Bereitschaft für die Solidarität einen gewissen Beitrag zu spenden, die Teilnahme an kollektiven Veranstaltungen usw.

Jedes Gewerkschaftsmitglied zahlte monatlich seinen Beitrag, gestaffelt nach dem Gehalt. Ein Teil wurde an zentrale Stellen abgeführt und ein kleiner Teil verblieb in der jeweiligen Einrichtung zur internen Verwendung. Ich zahlte zu Beginn meines Schuldienstes monatlich 7Mark Beitrag und 1Mark Solidaritätsbeitrag, später waren es 9Mark und 2Mark „Soli" und zum Schluss 15Mark und 7Mark „Soli". Mogeln war nicht möglich, denn die Gehaltsstreifen lagen offen auf einem Tisch im Lehrerzimmer, zwar enthielten sie statt der Namen EDV-Nummern, aber man wusste bald, welcher Zettel zu wem gehörte. Aus einer langen Liste trennte sich jeder seinen kleinen Abschnitt heraus. Zu bestimmten Anlässen gab es Sonderspenden, meist von 5 bis 20 Mark gestaffelt. Zwar konnte dann jeder selbst entscheiden, wie viel er gab, aber die Listen hingen öffentlich an der Wandzeitung aus und die Leitung hatte dann schon eine Vorgabe gemacht, sodass man sich nicht traute, nicht zu spenden oder nur einen geringen Obolus zu entrichten. Man unterlag dem Gruppenzwang.

Neben der Mitgliedschaft in der Gewerkschaft gehörte es für einen Lehrer selbstverständlich dazu, Mitglied der Deutsch-Sowjetischen-Freundschaft (DSF) zu sein. Wie wollte er sonst seine Schüler im 8.Schuljahr für den Beitritt zur DSF bewegen. Die Freundschaft zum großen Bruder Sowjetunion nahm eine zentrale Rolle in der politischen Agitation ein. Die DSF- Versammlungen fanden in unserer Schule meist als Vorspann einer Gewerkschaftsveranstaltung statt und wurden als notwendiges Übel von den meisten empfunden. Bei den Schülern gab es Ende der 80iger Jahre ein Aufbegehren Einzelner. Sie stellten die Frage, weshalb sie zur Pflege einer Freundschaft Mitglieder einer Organisation sein müssten. Manche Kollegen fanden dieses in ihren Augen renitente Verhalten empörend. Es war allgemein üblich, alle zu erfassen, man brauchte die 100%. Wer sich verweigerte, musste mit Unannehmlichkeiten rechnen. Für die Mitgliedschaft in der DSF zahlte ich monatlich 1,50 Mark, bei den Schülern waren es lediglich 10 Pfennig. Zu bestimmten Anlässen wurden auch hier Sondermarken angeboten.

Die jüngeren Lehrer wurden aufgefordert, eine eigene FDJ-Gruppe zu gründen und eine FDJ-Leitung zu wählen. Auch sie verfassten ein eigenes „Kampfprogramm" und unterstützten vor allem die Aktivitäten der Schüler. Wer über 25 Jahre war, nannte sich „Freund der Jugend". Ich erinnere mich, dass ich in diesem Alter eine schriftliche Austrittserklärung bei der FDJ-Kreisleitung eingereicht habe und somit in Ehren ausgeschieden bin. Die FDJ wurde offiziell zur „Kampfreserve der Partei" erklärt und zu gesellschaftlichen Höhepunkten, besonders vor den Parteitagen der SED, gab es Werbeaktionen für die Partei. Dabei gab es konkrete Vorgaben, denn es sollte ein angemessenes Verhältnis zwischen Arbeiter-,

Bauern- und Intellektuellenanteil gewahrt bleiben. Mit mir wurde während der Abiturzeit und als Junglehrerin gesprochen, aber ich lehnte damals ab. Die Arbeit jedes einzelnen Lehrers wurde in regelmäßigen Abständen kontrolliert und eingeschätzt. Das betraf sowohl die fachliche Leistung wie auch die politisch-ideologische Haltung. Dies erfolgte in erster Linie durch den Schulleiter. Er hospitierte im Unterricht und kontrollierte alle Vorgaben. So musste man seinen Klassenleiterplan vorlegen, der eingeschätzt wurde und seine Erfüllung kontrolliert, dann gab es regelmäßige Kontrollen des Klassenbuchs, bei denen die Anzahl der Noten überprüft wurde und man Stellung nehmen musste, wenn sich schlechte Noten häuften oder zu wenig Zensuren erteilt wurden. Als Klassenlehrer hatte man die Pflicht, regelmäßig Kontakt zu den einzelnen Eltern, der Elternvertretung und der Patenbrigade zu halten. Alle Aktivitäten waren im Klassenbuch aktenkundig zu machen. Unser Schulleiter führte genau wie ich ein Pädagogisches Tagebuch, aber für uns Lehrer. Bei Gesprächen konnte er so präzise Aussagen machen. Ich empfand die strenge Kontrolle meist nicht als lästig. Sie forderte jeden Einzelnen und machte auf eigene Reserven aufmerksam. Rückwirkend kann ich sagen, dass mich alle Hinweise und sachlichen Kritiken zu verantwortungsbewusster Arbeit geführt haben.

Außer dem Schulleiter hospitierten auch die Fachberater für die einzelnen Fächer und schätzten die Arbeit jedes einzelnen Lehrers ein. In gewissen Abständen erhielt jeder Kollege eine Beurteilung, in der seine fachliche Kompetenz und seine politisch – ideologische Haltung bewertet wurden. Diese Einschätzung traf eine Gruppe, der die Schulleitung, der Parteisekretär, Vertreter der Gewerkschaftsleitung und die Freundschaftspionierleiterin angehörten. Zu besonderen Anlässen, meist zum internationalen Frauentag am 8. März, zum Lehrertag am 12. Juni und zum Tag der Republik am 7. Oktober, konnten

Auszeichnungen vergeben werden. Diese bestanden aus Geldprämien von 200 oder 300 Mark oder einer Höherstufung (In der Regel erhielt jeder Lehrer alle zwei Jahre eine Gehaltsstufe höher.). Man konnte eine oder sogar zwei Besoldungsstufen überspringen. Bei mir machte eine Höhergruppierung etwa 20 Mark monatlich aus. Das waren dann 480 Mark innerhalb von zwei Jahren. Zum Tag des Lehrers erhielten alle in den 80er Jahren nach zehnjähriger Dienstzeit 700 Mark.

Außerdem wurden Orden verliehen wie „Aktivist der sozialistischen Arbeit". Zu dieser **Auszeichnung** gab es 300 und später 400 Mark. Die Titel „Oberlehrer", „Studienrat" und „Oberstudienrat" konnten vergeben werden. Diese Auszeichnungen honorierte man mit einem monatlichen Zuschlag von 50, 100 bzw. 150 Mark.

Daneben gab es noch die Pestalozzimedaillen – den sogenannten „Durchhalteorden". Die Pestalozzimedaille in Bronze wurde nach 10 Dienstjahren, in Silber nach 20 und in Gold nach 30

Jahren verliehen.

Gelegentlich erhielten Kollegen andere hohe staatliche Auszeichnungen, wie den Ehrentitel „Held der Arbeit", „Verdienter Lehrer des Volkes" und den „Vaterländischen Verdienstorden" entweder in Bronze, Silber oder Gold.

Für all diese Auszeichnungen gab es einen besonderen Vergabeschlüssel.

Nach der politischen Wende 1989 stand das Bildungswesen der DDR auch in der Kritik. Vieles wurde verteufelt. Natürlich war einiges ideologisch überfrachtet und in den letzten Jahren nahmen Überspitzungen zu. Aber wie bereits mehrfach betont, hing die praktische Umsetzung staatlicher Vorgaben im Wesentlichen von der einzelnen Lehrerpersönlichkeit und dem Klima in der jeweiligen Schule entscheidend ab. Bei Treffen mit ehemaligen Schülern stelle ich immer wieder erfreut fest, dass die meisten ehemaligen Schüler ihren Platz im Leben gefunden haben und sich an vielen exponierten Stellen hervorragend bewähren. Gern erinnern wir uns bei solchen Zusammenkünften an die gemeinsamen Jahre, die durchaus nicht nur durch Pauken und politischen Drill gekennzeichnet waren. Einen großen Teil der Freizeit haben wir gemeinsam verbracht. Da gab es Klassenfeste, Wanderungen, Arbeitseinsätze, Bastelnachmittage, Ferienfahrten und vieles mehr. Die dabei aufgetretenen Begebenheiten verbinden uns und lassen uns noch heute herzhaft über vieles lachen...

2.2 Einkaufserlebnisse

2.2.1 Der Einkauf von Lebensmitteln

In meiner Heimatstadt lebten damals rund 25000 Einwohner. Auf diese kamen fünf private Bäcker und eine Konsumbäckerei. Da im Verhältnis zu heute Backwaren spottbillig waren, brauchte keiner der Bäcker Angst haben, seine Waren nicht los zu werden. Gegen Abend sah es im Laden wie leer gefegt aus. Ein Berliner kostete 20 Pfennig, ein einfaches Brötchen 5 Pfennig, Knüppel 8 oder 10 und ein Mischbrot 87 oder 93 Pfennig.

Brötchen waren heiß begehrt. In meiner Familie fand sich nur selten jemand zum Brötchen holen. Also musste ich mich opfern. Ich stand gegen 6 Uhr auf, um mich in die Warteschlange einzureihen. Meist standen schon so viele Menschen an, dass man berechtigte Sorge haben konnte, keine Brötchen mehr abzubekommen. Wenn gegen 6.30 Uhr die Ladentür geöffnet wurde, strömten die Massen ins Geschäft. Oft kauften einzelne 100 Brötchen. Man fror sich einen Vorrat ein oder brachte welche für die gesamte Hausgemeinschaft mit.

Hatten wir in der Woche bei der Arbeit den Wunsch, Brötchen zu essen (meist zu einem besonderen Anlass wie Geburtstag o.ä.), schickten wir einen Schüler zum Bäcker. Dabei nahmen wir in Kauf, dass er zu spät zum Unterricht erschien. Ähnlich verfuhren wir, wenn es mal Südfrüchte zu kaufen gab. Ab Mittag konnte man nämlich nur die leeren Kisten sehen und dem Unterricht fernbleiben ging nicht.

Da Brot z.B. sehr billig war, billiger als Korn, wurde vor allem das Brot vom Vortag für Pfennigbeträge von privaten Viehzüchtern gekauft, um es an die Tiere zu verfüttern. Viele Menschen in unserem Land waren trotz zusätzlicher Mühen und Einbußen in der Freizeit bereit, Tiere zu mästen. Ließen sich doch beachtliche Einkünfte mit der Ablieferung von Kaninchen, Schweinen und besonders Mastbullen erzielen. Mit diesen zusätzlich erwirtschafteten Mitteln konnte so mancher lang gehegter Wunsch erfüllt werden oder das Sparkonto wuchs an.

Der Fleisch- und Wurstkauf gestaltete sich ähnlich schwierig. Lange vor der Öffnungszeit reihten sich die Leute vor den Läden auf. Viel Zeit musste investiert werden, um das Gewünschte zu erhaschen. Ich hatte großes Glück oder „Vitamin B", wie wir es nannten.

In einem Fleischerladen gegenüber unserer Schule

arbeitete die Mutter eines Schülers. Sie bot mir an, ich solle meine Wünsche auf einen Zettel schreiben und diesen zu ihr herein reichen. Im Laufe des Vormittags packte sie dann alles zusammen und ich brauchte den vollen Beutel nur abholen und den Preis bezahlen. Wenn es etwas Besonderes gab, wie Schinken oder Wiener Würstchen im Naturdarm, legte sie es dazu. So fiel der zu bezahlende Betrag meist anders aus als geplant. Trotzdem war ich froh, so unkompliziert zu Fleisch und Wurst für die Woche gekommen zu sein. Wer eine Grillparty plante, musste Fleisch sammeln und einfrieren, denn mehr als zehn Scheiben bekam man nicht auf einmal.

Wenn die ersten Tomaten in den Handel kamen, das war meist Ende Juni / Anfang Juli, bildeten sich lange Schlangen vor den Geschäften. Oft wurde nur ein Kilo der heiß ersehnten Ware pro Haushalt abgegeben, dabei spielte es keine Rolle, wie groß die Familie war.

Das Anstellen in einer Warteschlange war ganz

typisch für uns. Oft stellte man sich an, auch wenn man gar nicht wusste, was es eigentlich gab. Irgendeiner aus dem Verwandten - und Bekanntenkreis konnte die Ware bestimmt gebrauchen.

2.2.2 Erwerb von Konsumgütern und Baumaterialien

Bestimmte Konsumgüter waren rar und es brauchte einen langen Atem und viel Einfallsreichtum, um sie zu „erstehen", oft im wahrsten Sinne des Wortes.
Besonders schlimm war es bei technischen Geräten und Baumaterialien. Hatte man Kenntnis davon, dass diese Dinge angeliefert wurden, setzten sich schon einige Unentwegte am Vorabend vor die Handelseinrichtung. Die Nacht verbrachten sie dann im Campingstuhl oder die Familienmitglieder wechselten sich ab, um zu den ersten Käufern zu gehören. Da Baumaterialien meist kontingentiert waren, mussten Verwandte und Bekannte mit einbezogen werden. Jeder kaufte so viel er bekam,

bis beispielsweise Dachsteine für ein Dach komplett waren. Ähnlich verhielt es sich bei Fliesen, Zement, Klinkersteinen, Spuntbrettern u.ä.

Begehrte Konsumgüter gingen als sogenannte „Bückware" unter dem Ladentisch weg.

Ich kam z. B. einmal in ein Geschäft, in dem gerade eine Kristallbowle ausgepackt wurde. Voller Freude stellte ich mich an. Als ich an der Reihe war, sagte die Verkäuferin, die Ware sei bereits verkauft. Diese Antwort erboste mich dermaßen, dass es zu einem heftigen Wortwechsel kam. Offenbar hatte sie das Bowleservice einer guten Bekannten versprochen. Ich verlangte das „Beschwerdebuch", um meinen Unmut kundzutun. So ein Eintrag hätte Unannehmlichkeiten für sie mit sich gebracht. Da ich nicht bereit war zurückzustecken, versicherte mir die Dame schließlich, sie würde bei der nächsten Lieferung meinen Wunsch erfüllen. Das klappte dann auch.

2.2.3 Der Teppichkauf

1975 eröffnete in meiner Heimatstadt das Möbelgeschäft nach der Renovierung wieder. Zu diesem Anlass wurden einige Waren, die schwer zu erhaschen waren, zusätzlich angeliefert. Dazu gehörten u.a. auch Teppiche. Ich hatte zufällig beobachtet, wie sie ins Lager gebracht wurden und beschloss deshalb, mich gleich am nächsten Morgen anzustellen.

Als ich am folgenden Tag erwartungsvoll um die Ecke bog, glaubte ich meinen Augen nicht zu trauen, die große Menschenansammlung war nicht zu übersehen. Der Volksmund sprach von einer „sozialistischen Warteschlange". Als Schwangere (im neunten Monat) besaß ich einen Ausweis, der es mir gestattete, weiter vor zu gehen. Das nutzte ich.

Mit Gongschlag neun Uhr wurde die große Eingangstür geöffnet. Die Masse drängte sich in den Verkaufsraum, ein Großteil der Käufer peilte genau wie ich die Treppe an, die in den ersten Stock führte. Dort lagen die Teppiche. Jeder griff sich einen. Auch ich hielt ein Band in der Hand und ließ es nicht wieder los. Alle Teppiche waren verpackt, Farbe und Design blieben verborgen. Es gab Streitereien, wer als Erster zugepackt hatte. Ich bat eine Verkäuferin, mir mein ergattertes Exemplar zu zeigen, aber sie antwortete: „Sie sehen doch, was hier los ist. Ich kann den Teppich unmöglich ausbreiten. Sie müssen ihn schon so gleich mit nach Hause nehmen. Wenn er ihnen nicht gefällt, bringen sie ihn zurück."

Was blieb mir übrig? Ich bezahlte meine „Errungenschaft" und lud mir anschließend das Paket über die Schulter. Irgendwie musste ich es bewältigen! Das letzte Ende zog ich den zwei Meter langen Schlauch einfach hinter mir her. Obwohl mein Weg nach Hause nicht weit war, wurde es zu einer Tortur. Ich weiß selber nicht, wie ich es geschafft habe. Schweißtriefend und völlig aus der Puste warf ich den Teppich schließlich in den

Hausflur.

Nach einer kleinen Verschnaufpause holte ich eine Schere, schnitt das Band an den Enden durch und schlitzte das Packpapier auf. Hervor lugte ein anthrazitfarbener Teppich mit weißen Motiven.

Ich war überglücklich, für das Kinderzimmer Belag ergattert zu haben.

2.2.4 Der Einkauf in der Hauptstadt

Alle Gelegenheiten, Exkursionen, Urlaub, Klassenfahrten u.ä., wurden genutzt, um etwas zu kaufen, was man zu Hause nicht bekommen konnte. Liebstes Ziel war Berlin, die Hauptstadt. Hier gab es eine bessere Versorgung und damit bestand die Chance, erfolgreicher einzukaufen. So zog es meine Schwester und meinen Schwager mindestens jedes Jahr vor Weihnachten dorthin, um für die Großfamilie Nüsse, Südfrüchte, Baumschmuck und Geschenke zu besorgen.

Wenn ich mit Schülern unterwegs war und etwas

Besonderes erblickte, gab ich ihnen Geld in die Hand, um für mich anzustehen.

Einmal kaufte eine Gruppe sechs Biertulpen, eine andere sechs Presskristallschälchen und ich erwarb derweil Kinderkleidung. Schwer beladen verließen wir das „Centrum" Warenhaus und begaben uns zur S- Bahn.

Auf dem Zielbahnhof wollte ein Schüler ein besonderes „Kunststück" vollbringen. Er sprang entgegen der Fahrtrichtung aus dem noch fahrenden Zug auf den Bahnsteig. In den Händen hielt er den Beutel mit meinen neu erworbenen Glassachen. Er landete auf den Knien und es machte „klirr". Ich erstarrte vor Schreck und hatte große Angst, dass er sich verletzt haben könnte.

Bevor ich einen Ton herausbrachte, erhob er sich wieder. Sichtlich erleichtert stellte ich fest, außer ein paar Kratzern war ihm weiter nichts passiert. Von den Schälchen hatten sich fünf in Scherben aufgelöst. (Das übrige besitze ich heute noch als Erinnerungsstück.)

Alles war noch einmal gut gegangen!

2.2.5 Der Kauf eines Autos

Das Auto besaß in der DDR einen sehr hohen Stellenwert. Es war für den Normalbürger, der weder Westbeziehungen noch andere Beziehungen hatte, schwer zu beschaffen und musste demzufolge sorgfältig gepflegt werden, damit es eine lange Lebensdauer erreichte.

Nicht umsonst kursierte der Ausspruch „Was kostet ein Auto? - Ein altes!"

Für ein gebrauchtes Auto wurde nicht selten deutlich mehr als der Neuwert gezahlt. Mir bot im Frühjahr 1989 noch jemand für unser 11 Jahre altes Auto den vollen Anschaffungspreis. Selbst Anmeldungen wurden hoch gehandelt. Vier- bis fünftausend Mark konnte man damit erzielen.

Jeder, der das Volljährigkeitsalter von 18 Jahren erreicht hatte, war berechtigt, sich beim IFA-Vertrieb für ein Auto anschreiben zu lassen. In den meisten Familien waren deshalb nicht nur Vater, Mutter, volljährige Kinder, sondern auch Oma, Opa, Tanten und Onkel, sofern sie selbst kein Auto wollten, auf der Warteliste. Und diese war lang, sehr lang und wurde zum Ende der DDR immer länger.

Meine Schwester und mein Schwager warteten zur Wendezeit schon 14 Jahre auf einen neuen „Lada". Aus lauter Verzweiflung hatte mein Schwager in mühevoller Suche alle Blechteile für sein Auto besorgt und diese auf dem Boden eingelagert, um notfalls die Karosserie neu erstellen zu können. Die Wende 1989 eröffnete ihm dann die Möglichkeit, zu einem Neuwagen zu kommen. Die Blechteile gerieten in Vergessenheit. Erst jetzt sind sie wieder für Oldtimerfans interessant.

In meiner Familie erfolgte die Anmeldung erst nach der Eheschließung 1970, eigentlich viel zu spät. Bis zum Kauf eines Fahrzeuges konnte man das Geld getrost erst zusammen sparen. Einen Kauf in Raten, wie es heute oft der Fall ist, gab es damals nicht.

1972 hatten wir bereits einige Ersparnisse und

unsere Eltern wollten den fehlenden Betrag beisteuern, damit wir zu einem fahrbaren Untersatz kommen konnten. Das nun vorhandene Geld war die eine Seite, aber ein brauchbares Gefährt zu finden, die andere. All unsere Verwandten horchten herum, ob jemand seinen Wagen verkaufen wollte. Schließlich trieb mein Schwiegervater einen „Trabant 601" von einem Magdeburger auf, der auf Montage in unserer Gegend arbeitete. Der Monteur berichtete, dass er ein neues Auto von seinen Eltern aus dem Westen bekäme. Das war die Gelegenheit für uns! Wir griffen sofort zu. Mein Mann bezahlte den Neupreis, bar natürlich! Stolz fuhr er dann mit dem verdreckten Auto nach Hause. Die Grundfarbe war am Abend gerade noch erkennbar.

Am nächsten Morgen standen wir früh auf, heizten den Badeofen an, um heißes Wasser zu haben, und machten uns an die Arbeit. Von außen und innen unterzogen wir unseren „Trabbi", wie wir ihn liebevoll nannten, einer gründlichen Reinigungsaktion. Zum Mittag erstrahlte er in hellblau und sah ganz anders aus. Nach den Mittagessen kauften wir weiße Schonbezüge und andere kleine Extras, um unser Schmuckstück aufzupeppen. Zur Kaffeezeit unternahmen wir die erste Spritztour.

Auf die Auslieferung unseres ersten neuen Autos mussten wir bis 1978 warten. Dabei hatten wir noch Glück. Mein Mann hatte einen „Wartburg" bestellt und da ging es nur langsam voran. Ich hatte gelesen, dass ein neuer „Skoda" herauskommen sollte. Bei einer Exkursion in die damalige CSSR hielt ich Ausschau nach dem neuen Modell. Meine Schüler wussten von meinem Vorhaben und gingen gemeinsam mit mir auf die Suche. So dauerte es nicht lange, bis wir den „Skoda" erspähten. Voller Begeisterung nahmen wir den Wagen unter die Lupe. Die neue, modernere Form gefiel uns.

Als ich nach Hause zurückkehrte, war ich des Lobes voll und redete wie mit Engelszungen auf meinen Mann ein. Schließlich willigte er ein. Wir ließen unsere Anmeldung umschreiben und durften zwei

Farbwünsche äußern. Wir entschieden uns für weiß und braun.

So wurde der 30. November 1978 für uns zu einem besonderen Höhepunkt. Wir hatten die schriftliche Nachricht erhalten, dass wir unser bestelltes Fahrzeug abholen könnten.

Schon in aller Frühe fuhr mein Bruder uns nach Schwerin zum IFA-Vertrieb. Dort standen die Fahrzeuge aufgereiht, einige in der Halle, andere vor dem Gebäude. Wir schlenderten durch die Reihen und suchten uns unseren „Skoda" aus. Dann sollte es noch Stunden dauern, bis ein Verkäufer unseren Namen aufrief. Während mein Mann die Verkaufsverhandlungen führte, hielt ich bei unserem ausgewählten Gefährt Wache. Einsetzender Schneeregen verhinderte eine genauere Betrachtung. Für auftretende Mängel konnte man einen Preisnachlass erwirken, aber wer wollte das schon.

Gegen Mittag stiegen wir überglücklich in unseren neuen Wagen und fuhren sichtlich stolz nach Hause.

Anfang 1989, nach dem Tod meines Mannes, bot man mir, wie anfangs erwähnt, noch den Neupreis für ein altes, allerdings sehr gepflegtes Auto. Weil mein damals 17jähriger Sohn heftig gegen den Verkauf protestierte, erlebte unser geliebter „Schkoddi" noch die Wende.

2.2.6 Besorgen eines „ Klau-fix"

Viele unserer Erwerbungen waren nur mit „Vitamin B" (sprich Bekannte und Beziehungen) möglich. Unser Gefrierschrank wurde vom Bruder eines Freundes aus Frankfurt an der Oder angeliefert. Meine eine Schwägerin konnte mir einen Waschvollautomaten besorgen und den Teppich im Wohnzimmer bestellte meine andere Schwägerin in einem „Katalog für Schwerpunktbetriebe". Alle diese Dinge mussten oft über weite Strecken transportiert werden. Dazu benötigte man einen PKW-Anhänger, der ebenfalls schwer zu beschaffen war. Aber der DDR-Bürger ließ sich etwas einfallen.

So bauten Schlosser in ihrer Freizeit Hänger, angeblich für den Eigenbedarf, und verkauften sie. Das dazu gehörende Material stammte sicher aus dem Betrieb, in dem sie arbeiteten. Die Neuanfertigungen mussten allerdings auf ein Familienmitglied des Herstellers zugelassen werden. Unser Exemplar gehörte der 81jährigen Großmutter des Konstrukteurs. Mit der alten Dame schlossen wir einen sogenannten Nutzungsvertrag ab. Auf diese Weise ging der Anhänger, im Volksmund „Klau - fix" genannt, in unseren Besitz über.

2.3 Fernsehen in der DDR

Das Fernsehen gehörte in der DDR zu den beliebtesten Freizeitbeschäftigungen für die ganze Familie.
 Am Abend saß man gemeinsam vor der sogenannten „Flimmerkiste".

Die Gebühren für ein Rundfunkgerät betrugen 3 Mark, für den Fernseher beim Empfang des 1. Programms 7,05 M und für beide Programme 10,05 M. Für ein Autoradio zahlte man, so man eins besaß, 0,50 M.

Die ersten Fernsehgeräte wurden seit dem 1.1.1951 im „Sachsenwerk" Radeberg produziert und hießen „Leningrad T2".

Das Fernsehen nahm dann zu Stalins 73. Geburtstag, dem 21.12.1952, seinen Sendebetrieb auf. Im Gründungsjahr des „Deutschen Fernsehfunks" (DFF) besaßen nur rund 600 Haushalte ein Fernsehgerät. Aber die Zahl erhöhte sich 1965 auf 71000 Geräte. In all den Jahren gehörten Fernsehgeräte zu den raren und kostspieligen Luxusartikeln.

Ich sah Mitte der fünfziger Jahre die erste Fernsehsendung bei einer Freundin. Ihre Eltern waren die ersten, die ein Fernsehgerät in unserem Ort besaßen. Ich erinnere mich noch an einen riesigen Holzkasten mit einem für unsere

Verhältnisse winzigen Bildschirm, der etwa die Größe eines A5 Schreibheftes hatte. Trotzdem war es für mich überwältigend, die Schlagerstars damaliger Zeit, wie Bärbel Wachholz und Helga Brauer, zu sehen. Wir verfolgten aufgeregt die schönen Märchenfilme der DEFA wie „Der kleine Muck", „Das kalte Herz", „Das singende klingende Bäumchen" u.a. und waren glücklich, wenn die Eltern einer Freundin uns in die gute Stube ließen, um eine Sendung anzuschauen.

1958 gelang es meinem Vater kurz nach Weihnachten durch Zufall, ein Fernsehgerät der Marke „Alex" zu erwerben. Bei uns Kindern war die Freude groß, nur meiner Mutter tat das viele Geld leid und das Gerät gefiel ihr optisch nicht. Es hatte nicht den polierten Holzkasten, sondern eine hellgrüne Plastehülle. Uns war das egal, zumal unser Fernseher einen mehr als doppelt so großen Bildschirm (42er Bildröhre) besaß. Kaum war das Gerät ausgepackt, sollte es auch spielen, aber das erwies sich als nicht so einfach. Es bedurfte einer riesigen Antenne.

Also zog mein Vater mit einigen Freunden los, um im Wald einen großen, schlanken Baum zu fällen. Dieser wurde dann von seiner Rinde befreit, imprägniert und am oberen Ende konnte die mehr als einen Meter lange Antenne befestigt werden. Anschließend wurde das gewaltige Monstrum von mehreren Männern aufgerichtet und am Giebel befestigt, sodass es über unser Dach ragte. In den unteren Teil bohrte man ein Loch und steckte einen Eisenstab hindurch, damit man die Antenne in die gewünschte Richtung drehen konnte. Dann wurde getestet, bei welcher Antennenstellung das Fernsehbild zu empfangen war. Diese Tortur dauerte den ganzen Silvestertag, sehr zu unserem Leidwesen. Trotzdem gelang es nicht, am Silvesterabend Bild und Ton in normaler Qualität zu empfangen. Vor lauter Schneegriesel auf dem Bildschirm konnte man kaum etwas erkennen und auch der Ton war schwer verständlich. Unsere Eltern störte das weniger. Sie feierten bei Bekannten den Jahreswechsel. Wir drei Kinder blieben mit den Großeltern zu Hause, schalteten wutentbrannt das Fernsehgerät aus und spielten Karten. Am Neujahrsmorgen traf die ganze Nachbarschaft auf unserem Hof ein, um das Problem zu lösen. Ein Bastler schaffte es dann tatsächlich. Zum Mittag saß unsere Familie wie gebannt vorm Fernseher und schaute die Sendung „Das Meisterwerk", obwohl keiner wirklich etwas von klassischer Musik verstand.

Turbulent wurde es nach dem Mittagessen. Wie noch heute wurde das Neujahrsskispringen übertragen. Das wollten all unsere Bekannten und Nachbarn sehen. Die Sitzgelegenheiten im Wohnzimmer reichten bald nicht mehr aus, alle Stühle wurden zusammengesucht, für uns Kinder blieb nur ein Platz unter dem Wohnzimmertisch, auf dem Teppich, aber auch das tat der Freude keinen Abbruch.

Abend für Abend strömten fremde Leute in unser Haus. Oftmals waren meine Eltern schon im Sessel eingeschlafen, wenn die Letzten bei Programmschluss nach Hause gingen.

Das Fernsehen sendete in den ersten Jahren nur wenige Stunden am Tag, ansonsten konnte man nur das sogenannte „Testbild" empfangen. Es diente dazu, den Apparat genau einzustellen. So konnte man die Größe und Breite des Bildes verändern und die farbliche (der Schwarz -Weiß -Töne) Abstimmung vornehmen.

Jede Fernsehsendung wurde von einem Ansager oder einer Ansagerin angekündigt. Einer der ersten Sprecher war der bekannte Schauspieler Herbert Köfer.

Die Zahl der Fernsehgeräte nahm Ende der 60er Jahre rasant zu und betrug über 4 Millionen. Die Sendezeit erreichte täglich etwa 12 Stunden. Unser größtes Fernsehstudio befand sich in Berlin-Adlershof, 1961 kam das Ostseestudio Rostock dazu und 1964 das Studio Halle.

Fast alle DDR-Bürger guckten Westfernsehen. Dazu musste die Antenne in eine andere Richtung gedreht werden. Meine Schwester und mein Bruder vermochten unsere große Anlage hervorragend einzustellen. Mit ganzer Kraft zerrten sie an dem Antennenbaum. Wenn unser Bürgermeister einen Spaziergang durchs Dorf unternahm, sprach er schon mal meinen Vater auf die falsche Ausrichtung an. Den beeindruckte das aber nicht. Ich hörte einmal, wie er zum Bürgermeister sagte: „Du verschwinde, schon bei den Nazis hast du deine Nase überall rein gesteckt und nun hast du schon wieder die große Klappe. Mach, dass du weiter kommst!" Daraufhin ging der „gute" Herr ohne eine Erwiderung. Mich bewegte das Gehörte lange, ich konnte in meiner naiven Sicht nicht begreifen, wie jemand, der bei der SA war, jetzt führendes Mitglied der SED sein konnte, die doch aus Kommunisten und Sozialdemokraten hervorgegangen war. Aus Filmen, Büchern und aus der Schule wusste ich, dass die einen die Bösen waren und die anderen die Guten. Erst nach der Wende erkannte ich, dass es einen Typ Mensch gibt, der sich schnell bei den jeweiligen Machthabern anbiedert.

1968 strahlte der Deutsche Fernsehfunk auch ein zweites Programm aus. Um das zu ermöglichen, entstand der Fernsehturm auf dem Alexanderplatz in Berlin. Seit 1968 wurde auch das Aufstellen von Gemeinschaftsantennen gestattet. Sie lösten den Antennenwald auf den Wohnblöcken ab.

1969 wurde das Zweite Programm erstmals in Farbe ausgestrahlt. Vier Jahre später, 1973, sendete das Erste Programm ebenfalls in Farbe. Farbfernseher gab es zunächst nur wenige. Sie waren schwer zu beschaffen und außerdem sehr teuer. Das Einstiegsmodell kostete 4100 Mark, der „Chromat 67" war später erst für 6250 Mark zu haben Das war das Mehrfache eines Monatslohns. Ich verdiente damals 720 Mark Netto.

1982 besaßen 90% aller Haushalte einen Fernseher, aber nur ein Fünftel von ihnen einen Farbfernseher. Dazu kam, dass man sich in der DDR für das französische SECAM-System entschieden hatte, was nur den Empfang von DDR-Sendern ermöglichte. Die BRD verwendete das PAL-System. So war der Kauf eines Farbgerätes zunächst nicht so erstrebenswert. Aber sehr bald konnte man sich in dunklen Kanälen einen Konverter kaufen, der etwa die Größe einer Zigarrenkiste hatte und den Empfang des Westfarbfernsehens möglich machte. In meinem Heimatort schaffte ein Fernsehmonteur mit guten Westbeziehungen unzählige Konverter herbei und machte damit ein Riesengeschäft.

Erst seit 1977 wurde stillschweigend der Einbau des PAL-Systems in unsere Fernseher gestattet. Die meisten Geräte stellte der „VEB Kombinat Rundfunk und Fernsehen" (RFT) in Stassfurt her.

Ich konnte 1979 durch glückliche Umstände ein japanisches Gerät der Marke „Sanyo" kaufen. Zufällig kam ich am einzigen Fernsehgeschäft in unserer Stadt vorbei, als gerade Ware angeliefert wurde. Neugierig betrat ich das Geschäft und erkundigte mich, was für Apparate eingetroffen seien. Die Verkäuferin packte einen Fernseher aus und zeigte ihn mir. Sie betonte, dass es sich dabei um ein japanisches Gerät handele und es 6700 Mark kosten würde. Dieser Fernseher war leistungsstärker, hatte eine bessere Bildqualität, war wesentlich handlicher und besaß bereits eine Fernbedienung, also ein Luxusexemplar! Der Preis erschreckte mich zunächst. Ich überlegte, wie ich meinem Mann den Kauf schmackhaft machen konnte, aber langes Überlegen konnte ich mir nicht leisten, denn der nächste Kunde würde bestimmt gleich zuschlagen. Also bat ich die Verkäuferin, mir den Fernseher bis zum Feierabend zurückzustellen. Ich war heilfroh, dass sie dazu auch bereit war, denn diese technischen Geräte waren bei uns heiß begehrt und es gab genügend Leute, die sich solch eine Anschaffung problemlos leisten konnten. Meine Gedanken kreisten fortan nur noch um den Kauf. Eilig suchte ich meinen Mann im Betrieb auf, um ihm von meinem Glück zu berichten. Er teilte aber meine Freude zunächst nicht. „Das ist viel zu viel Geld", gab er zu bedenken. „Außerdem ist unser Fernseher noch in Ordnung und wir brauchen keinen neuen." Ernüchtert und enttäuscht verließ ich ihn. Ich musste mich beeilen, um noch rechtzeitig zu einer Veranstaltung zu kommen. Während der ganzen Zeit ging mir mein Vorhaben nicht aus dem Sinn. Sollte ich mich gegen den Willen meines Mannes zum Kauf entschließen? Wann würde sich die Möglichkeit, ein so prächtiges Gerät zu erwerben, wieder bieten? Was sollte ich tun? Ich entschloss mich schweren Herzens nicht zum Kauf. Als mein Mann von der Arbeit kam, neckte er mich und fragte, ob wir nun alles in Farbe sehen könnten. Ich antwortete lediglich: „Ich habe den Kasten nicht gekauft. Wenn er nichts taugt, bin ich schuld, ne, ne!" „Aber du hast ihn doch zurückstellen lassen und nun trotzdem nicht abgeholt. Na, das macht man nicht." Mein Mann war inzwischen gar nicht mehr so abgeneigt. Seine Kollegen hatten ihm vorgeschwärmt, was das für ein tolles Gerät sei und welch ein Glück er hätte, es zu besitzen. Letztlich fassten wir gemeinsam den Beschluss, uns den „Sanyo" zu holen.

Am nächsten Morgen betrat ich als erste Kundin das Fernsehgeschäft und kaufte mein Prachtstück. Mein Mann holte es in der Mittagspause ab. Er hatte sich noch einen Kollegen zum Tragen mitgenommen. Beide staunten nicht schlecht, als sie den Karton anhoben. Er war samt Inhalt so leicht, dass einer allein ihn ins Auto transportieren konnte.

Am Abend packten wir unsere Neuerwerbung aus. Als wir aber auf Anhieb kein Fernsehbild bekamen, gab es lange Gesichter. Der alte Fernseher kam auf seinen angestammten Platz zurück und unsere Kinder interessierten sich sowieso mehr für ihr neues Hundebaby. Mir stand die Enttäuschung ins Gesicht geschrieben.

Am folgenden Tag wendete sich das Blatt. Ein Bekannter, der in seiner Freizeit Fernseher installierte und reparierte – ein sehr lukratives Zubrot -, besorgte eine neue Antenne und schloss den Apparat fachgerecht an. Nun setzte die große Freude ein. Mein Mann begeisterte sich am meisten für die Fernbedienung. Konnte er nun, ohne sich vom Sessel zu erheben oder die Kinder zu beauftragen, von einem Sender zum anderen zappen und all seine Sportsendungen im schnellen Wechsel sehen. An manchen Tagen verfluchte ich das neue Gerät! Für unsere Kinder wurde es ganz einfach, selbst die Sender des Westfernsehens einzuschalten. Jetzt musste man Sorge haben, dass sie sich in der Schule verplapperten. Den „Feindsender" zu sehen, war unerwünscht und konnte unliebsame Diskussionen hinsichtlich der staatsbürgerlichen Erziehung auslösen.

Nur in wenigen Gebieten der DDR war trotz modernerer Technik der Empfang des Westfernsehens nicht möglich. Das traf z.B. für die Regionen um Dresden und im Nordosten um Greifswald zu. Hier sprach man dann vom „Tal der Ahnungslosen". Der Chef meines Mannes stöhnte immer, wenn seine Schwiegermutter zu Besuch kam, weil sie gar nicht vom Fernsehgerät weg zu locken war. Meist blieb sie mehrere Wochen und sog förmlich die bunte westliche Glitzerwelt in sich auf.

Das Fernsehen der DDR, wie es seit 1972 hieß, existierte bis zum 31.12.1991, genau 39 Jahre und 10 Tage.

2.4 Die Wahlen in der DDR,

wie ich sie erlebte

Die Wahlen in der DDR brachten in den letzten Jahren immer ein Ergebnis von 99,...% für die SED. Eigentlich wusste das jeder schon im Voraus. Interessant war lediglich die letzte Stelle hinter dem Komma.

Wie Günter Schabowski in einer Befragung betonte, ging die Parteiführung von folgender Prämisse aus: „Der Sozialismus braucht die Kraft aller, wir brauchen keine Opposition, denn es kann niemand gegen den Sozialismus sein, weil der Sozialismus im Interesse aller ist."

Die Mehrheit der DDR- Bürger nahm das scheinbar äußerlich gelassen hin. Nur wenige brachten Mut und Kraft zum Widerstand auf.

In Gesprächen mit Schülern wurde ich immer wieder gefragt, weshalb sich die große Masse der Bevölkerung für die Kandidaten der Nationalen Front (Zusammenschluss der Parteien und Massenorganisationen) entschied. Die Schüler vermuteten dahinter vor allem Wahlbetrug, hatten aber keine Vorstellung, wie dieser ausgesehen haben könnte. Ich berichtete ihnen dann von meinen persönlichen Wahlerlebnissen.

Vor den Wahlen wurden Kandidaten aus den einzelnen Parteien und Massenorganisationen aufgestellt, die sich auf Versammlungen vorstellten und ihre Ziele erläuterten. An solchen Veranstaltungen nahm ich nicht teil, weil ich mir nichts davon versprach.

Am Wahltag lagen dann die Kandidatenlisten aus. Das Wahllokal, in dem ich wählen musste, befand sich in der Schule, in der ich unterrichtete. Einige

Kollegen und andere Bekannte bildeten die Wahlkommission.

Morgens um 6 Uhr öffneten die Wahllokale. Der jeweils erste Wähler wurde mit einem Blumenstrauß begrüßt. In den Vormittagsstunden bildeten sich lange Schlangen vor und im Wahllokal. Einige Leute machten dann ihre Späßchen und sagten z.B.: „Gibt´s hier etwas Besonderes, vielleicht Bananen?" Im Wahllokal legitimierte man sich mit seinem Personalausweis und erhielt dann den Wahlzettel mit der Kandidatenliste. Die meisten Wähler warfen nur einen kurzen Blick darauf, falteten den Zettel und steckten ihn in die Wahlurne. Im Wahllokal gab es nur **eine** Wahlkabine. Wer sie aufsuchte, machte sich verdächtig, wurde mit Sicherheit notiert und später überwacht. Ich habe es nie erlebt, dass jemand den Mut aufbrachte, in die Kabine zu gehen und Kandidaten von der Liste zu streichen.

Schon im Vorfeld der Wahlen wurde sehr viel unternommen, um möglichst viele Menschen an die Wahlurnen zu bringen. So gaben die

Arbeitskollektive oft Verpflichtungen ab, bis zu welchem Zeitpunkt alle Mitglieder ihre Stimme abgegeben haben wollten. Einige Leute sahen in diesem Zusammenhang die Chance, bestimmte private Forderungen durchzusetzen. Sie erklärten, nur dann zur Wahl zu gehen, wenn sie eine Wohnung oder einen Krippenplatz erhielten, eine Garage bauen dürften u.ä. Auf diese Weise erpressten sie die kommunalen Gremien, denn jede Gemeinde wollte am Ende gut dastehen.

Wer nicht zur Wahl erschien, wurde durch Vertreter der Wahlkommission zu Hause aufgesucht. Das habe ich selbst einmal erlebt.

Mein Mann erklärte mir mehrmals, dass er nicht zur Wahl gehen würde. Ich versuchte ihn umzustimmen und erklärte, dass sein Verhalten negative Auswirkungen auf mich und unsere beiden Kinder haben würde.

An einem Wahlsonntag wollte mein Mann seinem Bruder auf dem Bau helfen. Ich beschwor ihn, vorher zur Wahl zu gehen, aber er tat es nicht. So erschienen am Nachmittag zwei Mitglieder der Wahlkommission bei mir zu Hause und fragten nach ihm. Mir war die Situation unangenehm.

Mein Gatte erschien kurz vor Schließung des Wahllokals in Arbeitssachen und erklärte: „ Wollt ihr schon Schluss machen? Ich bin doch noch rechtzeitig. Meinen Zettel hättet ihr ruhig schon einstecken können."

Am Montagmorgen erfuhr ich gleich von diesem Auftritt.

Da die meisten Mitbürger, genau wie ich, kein unangenehmes Aufsehen erregen wollten und Angst vor den Folgen hatten, stimmten sie bei den Wahlen resigniert zu.

So kamen letztlich „Wahlergebnisse" von mehr als 99% für die Liste der Nationalen Front zustande. Nur relativ wenige, meist christlich gesinnte Widerständler, einige Künstler und Intellektuelle, protestierten öffentlich. Sie machten die Zahl hinter dem Komma interessant.

Anmerkung:

Aus einem mündlich vorgetragenen Bericht des damaligen Bürgermeisters der Stadt Parchim, Horst Frahn, zu den Wahlen 1989

- 100 Hausgemeinschaften geschlossen gewählt
- Wahlverlauf allgemein zügig, aber in der Innenstadt ab 11 Uhr gewisse Stagnation
- 128 Eingaben vor der Wahl zu Wohnungsproblemen, 30 zu Handels- und Versorgungsproblemen, 25 zum Straßenbau
- 264 Nichtwähler in der Stadt, von 94 Bürgern, die nicht wählen wollten, konnten 60 noch überzeugt werden
- 16628 gültige Stimmen (99,96%), davon 16462 für den Wahlvorschlag, 166 dagegen
- 6 ungültige Stimmen (0,004%)
- Wahlbeteiligung 98,7 %

2.5 Der 1. Mai

Der 1. Mai wurde in der DDR als Tag der Arbeit feierlich begangen. Wenn ich an diesen Tag zurückdenke, erinnere ich mich an recht unterschiedliche Dinge.

Als Schulkind fand ich es aufregend, zur Maifeier zu gehen. Gemeinsam mit Eltern und Geschwistern putzte man sich heraus, steckte die rote Mainelke ins Knopfloch und trug ein Fähnchen in der Hand.

Auf den Dörfern folgte auf einen kurzen Umzug ein Fest im Saal der Dorfgaststätte. Es gab Kaffee und Kuchen und anschließend spielte eine Kapelle zum Kindertanz auf. Besonders als Halbwüchsige hatten wir große Freude am Tanz auf dem Saal. Am Abend hieß es dann Tanz in den Mai für die Erwachsenen. Mit 13/14 Jahren durften wir Mädchen bis 22 Uhr mit. Manchmal drückten die Erwachsenen auch ein Auge zu und wir blieben länger dort. Die Eltern staunten dann, wie sich ihre Schützlinge auf dem Tanzparkett bewegten, besonders zu den modernen Tänzen. So manch ein Vater legte mit seiner Tochter eine flotte Sohle aufs Parkett.

Als Schülerin der erweiterten Oberschule fand ich den 1. Mai nicht mehr so aufregend. Nicht nur, dass im Vorfeld allerhand Vorbereitungen zu treffen waren, wie z.B. Schilder mit aktuellen Losungen anfertigen, sondern dass man an diesem unterrichtsfreien Tag im Internat bleiben musste, um in der Kreisstadt an der obligatorischen Maikundgebung teilzunehmen. Zur Demonstration war das Erscheinen in FDJ- Kleidung, blaues FDJ-Hemd und dunkler Rock oder Hose, Pflicht. (Einige Jahre später erschienen die Schüler der erweiterten Oberschule uniformiert, die Mädchen in DRK-Kleidung und die Jungen in GST-Uniform. Allen voran zwei Lehrer, ebenfalls in Uniform.) Mantel, Jacke und manchmal Regenschirm hatte man dabei, aber beim Vorbeimarsch an der Ehrentribühne sollte die FDJ-Kluft zu sehen sein.

Diskussionen gab es, wer die Schilder tragen würde. Die meisten weigerten sich, bis der Klassenlehrer einige bestimmte. Die übrigen Schüler erhielten kleine Fähnchen bzw. bunte Tücher zum Winken. Der Zug sollte ein farbenfrohes Bild ergeben. Der Marsch zum Stellplatz geriet immer wieder ins Stocken. Auf einem Platz trafen alle Schüler der Stadtschulen zusammen. Sie bildeten den

Marschblock der Jugend. Geschlossen zogen dann alle durch die mit Maigrün und Fähnchen geschmückten Straßen. Überall ertönte Marschmusik. Alle marschierten in Schritt und Tritt, genau ausgerichtet, meist in 6er Reihen. Wenn der Zug ins Stocken geriet, wurde es unruhig. Es dauerte, bis man endlich den zentralen Platz mit Maibaum und Ehrentribühne erreichte. Ein Sprecher am Lautsprecher kündigte die einzelnen Marschblöcke und die von ihnen abgegebenen Verpflichtungen an. Beim Vorbeimarsch an der Ehrentribühne erkannte man den Vorsitzenden des Rates des Kreises, Sekretäre der SED-Kreisleitung, Vertreter der Roten Armee und andere Persönlichkeiten der Stadt. Wir waren als Vorbeimarschierende angehalten, in Hochrufe auf Partei und Staat einzustimmen und freudig zu winken. War diese Prozedur vorüber, zerstreuten sich die Massen auf dem Platz. Man traf Freunde und Bekannte und sah sich mit ihnen die restlichen Marschblöcke an. Gegen Mittag begaben wir uns auf den Heimweg.

Für viele klang der Tag gemeinsam mit Familienangehörigen und Freunden auf dem Festplatz am Buchholz, einem kleinen Waldgebiet am Stadtrand, aus. Dort gab es auf der Freilichtbühne ein Kulturprogramm und später Tanz und Spiele für die Kinder. Außerdem waren Verkaufsstände aufgebaut, vor denen sich die Menschen drängelten, um vor allem Bockwurst, Eis und Getränke zu kaufen.

Während des Studiums an der Universität Rostock beherrschten meine Freundinnen und ich ein perfektes System. Wir fuhren sehr früh zum Bahnhof, deponierten unser Reisegepäck dort und gingen zu unserem Treffpunkt, dem Historischen Institut, unweit des Bahnhofs. Dort trafen wir viele Kommilitonen, unsere Seminarbetreuerin, wissenschaftliche Mitarbeiter und Professoren. Wir begrüßten sie fast alle mit Handschlag und führten zahlreiche Gespräche. Wenn alle Aufstellung nahmen, verkrümelten wir uns flugs, begaben uns auf dem kürzesten Weg zum Bahnhof, erreichten unseren Zug und fuhren nach Hause. Auch wenn uns dort nur einige Stunden blieben, genossen wir diese. Ein Graus wurde der 1.Mai für mich, als ich selbst als Klassenleiterin mit meinen Schülern an den Maifeierlichkeiten teilnahm. Wie beneidete ich die Kollegen, die lediglich anwesend sein mussten und sorglos hinter den Klassen hertrotteten.

Im Vorfeld des Ereignisses organisierte ich Bastelnachmittage, an denen Schilder hergestellt wurden, auf denen vorgegebene Losungen aufgeklebt oder geschrieben wurden. Einige der Losungen lauteten: „Klassenkampf- Klassensieg - Klassenmacht", „Wir sind die Sieger der Geschichte", „Von der Sowjetunion lernen, heißt siegen lernen", „Wir stärken die Glieder der Nationalen Volksarmee" usw. Anschließend musste ich all meine Überredungskünste anwenden, um Schüler zu finden, die diese tragen würden, und andere, die die Plakate nach der Demonstration zur Schule zurück brachten. Mehrmals erinnerte ich daran, am 1.Mai sei die FDJ- Kleidung zu tragen. Immer wieder erhielt ich von Eltern Briefe, in denen sie für ihr Kind eine Freistellung an diesem Tag erbaten. Die schönsten Gründe wurden genannt, aber ich durfte nur in dringenden Fällen beurlauben. Eine schwierige Situation!

Wenn dann endlich am Feiertag alle Schüler in Reih und Glied marschierten, musste ich ein waches Auge auf die mitgeführten Schilder haben. Wenn der Zug ins Stocken geriet, ging allzu leicht etwas entzwei, da wurde dann schon mal eine Fechtübung mit den Stöcken an den Transparenten durchgeführt oder ein Schild fiel in den Schmutz. Nicht für alle Schüler war es selbstverständlich, vor der Tribühne den Ehrengästen zuzuwinken. Mir fiel ein Stein vom Herzen, wenn ich diesen Akt ohne großen Ärger überstanden hatte. Einmal kam es vor, dass einige Schüler keine Lust hatten, die Transparente zur Schule zurückzubringen, sie drückten einfach meiner kleinen Tochter den Stiel eines großen Schildes in die Hand, mit dem sie hilflos auf dem

Platz stand. Von den Schülern war weit und breit keiner zu sehen, so mussten wir wohl oder übel selbst den Rücktransport übernehmen. Ich kochte vor Wut und schwor mir, die Verantwortlichen zu bestrafen.

In einem Schuljahr leitete ich eine 10. Klasse, die 10A. Die Schüler dieser Klasse führten unseren Marschblock an und stellten deshalb die Fahnenträger. Es bedurfte großer Überzeugungsarbeit, dazu gewillte Schüler zu finden. Ich suchte die Schüler aus, die die weiterführende Schule (EOS) besuchen wollten bzw. deren Eltern Funktionäre waren. Von diesen war zu erwarten, dass sie ihre Aufgabe ernst nahmen. Sie enttäuschten mich nicht.

Auffälligkeiten wurden später in der Schule ausgewertet und wer wollte schon unangenehm auffallen!

Jedes Jahr am 1.Mai denke ich an die verflossene Zeit zurück und sage mir: Welch ein Glück, dass du nicht zur Maidemonstration musst!

Demonstrationen sind mir bis heute suspekt geblieben.

2.6 Republikflucht

Mein Schulweg führte mich häufig mit einer älteren Kollegin zusammen. Dabei kam es zu kurzen Gesprächen, aus denen ich erfuhr, dass sie allein lebte. Ein Bruder wohnte in der BRD und ihr Mann war aus dem Krieg nicht zurückgekehrt (Man sprach von einer „ Kriegstrauung", bei der der Ehepartner gar nicht anwesend sein brauchte, also im Krieg war, einem mir bis dahin unbekannten Vorgang.), Kinder hatte sie keine. Das Alleinsein wurde ihr an Festtagen, besonders zu Weihnachten, schmerzlich bewusst. Einladungen von Freunden ließen den Kummer nicht schwinden. Sie kam sich dann noch überflüssiger vor und verfiel in Trübsal. Ansonsten war sie kontaktfreudig und traf sich mit Freundinnen, meist Kolleginnen, zum „ Kaffeekränzchen", bei dem es ihren begehrten „

Westkaffee" gab.

In den Sommerferien fuhr sie mehrmals nach Karlovy Vary (Karlsbad in Böhmen) zur Kur.

Nach den Sommerferien erschien sie eines Tages plötzlich nicht wieder zum Dienst. Es sickerte durch, dass sie die DDR verlassen habe. Auf welche Weise das geschah, wurde nicht bekannt. Diese ehemalige Kollegin hatte in Karlsbad einen Mann kennengelernt, dem sie in den Westen gefolgt war.

Ich dachte bei mir: „Wie schön, dass sie auf ihre alten Tage noch jemanden gefunden hat, mit dem sie den Lebensabend gestalten kann."

Wie staunte ich, als bei der Dienstberatung in Vorbereitung auf das neue Schuljahr dieser Vorfall zur Sprache kam. Dort wurde mit Verachtung von dem Verhalten der Kollegin gesprochen. Von Republikflucht, Verrat und großer Enttäuschung war die Rede. Mir erschien es unbegreiflich, wie die Kolleginnen und Kollegen, die mit der „Geflohenen" enger befreundet waren, plötzlich so hart urteilen konnten. Keiner äußerte sich zur menschlichen Seite. Hätte man mich zu Beginn der Versammlung um meine Meinung gebeten, wäre ich gewaltig ins Fettnäpfchen getreten. Mich beschäftigte dieser Vorfall noch lange.

Mir fiel in all den Jahren auf, dass es bei vielen Mitbürgern eine Diskrepanz zwischen Wort und Tat gab. Da wurde öffentlich auf die „imperialistische BRD" geschimpft, aber „Westpakete", Autos über Genex u.ä. gern angenommen.
Mit der seit 1982 einsetzenden Reisemöglichkeit für DDR- Bürger bei dringenden Familienangelegenheiten (ein dehnbarer Begriff) und ganz besonders nach der Wende wurden all die Westbeziehungen, die man angeblich nicht hatte, offenkundig.

„ Genex GmbH": Geschenkdienst- und Kleinexport Januar 1957 g
Aufgabe: hochwertige DDR-Produkte gegen Devisenzahlung durch Verwandte und Bekannte aus dem westlichen Ausland DDR-Bürgern auszuliefern

Ware	Genex-Preis in VM	EVP-DDR in MDN
PKW „Moskwitsch 408" 1300ccm	7800,00	17300,00
PKW „Wartburg 312" Lim.de Lux	7315,00	17770,00
Kleinroller „Schwalbe" 50ccm	638,00	1265,00
Moped „Star" 50ccm	598,00	1200,00
Fernseher „Stadion" 59er Bildröhre	1115,00	2250,00
Kühlschrank „Kristall 140"	695,00	1350,00
Nähmaschine „Veritas" mit Motor u. Tasche	402,00	735,00
Schreibmaschine „Erika 14"	295,00	430,00
Handstaubsauger „Omega", viereckig	97,00	160,00
Transistor Taschenempfänger Mikki T 120/2	84,50	156,00
Herrenarmbanduhr Glashütte Kal.67,1 „Automatik" mit Datum, 23 Steine	84,50	197,80

EVP = Einheitlicher Verkaufspreis, staatlich festgelegt

MDN = Mark der Deutschen Notenbank (Bezeichnung für die Währung in der DDR)

VM = Valuta- Mark (frei konvertierbare Währung), hier DM

(aus „Praxis Geschichte 5/1997, S.20)

2.7 Nicht für den Westen Reklame laufen

Die Schüler der Grundschule hatten ein Unterrichtsfach „Schulgarten". Sie lernten das

Graben, Harken, Hacken und Unkraut jäten, Säen und Ernten. Die Produkte aus dem Schulgarten wurden für ein geringes Entgelt verkauft, meist an Lehrer.

Eines Tages bat meine Freundin um Pflaumen für einen Kuchen. Sie reichte der Schulgartenlehrerin (Schulgarten war nicht nur ein reguläres Unterrichtsfach, es gab dafür sogar eine Fachberaterin.) nichts ahnend eine Plastiktüte, die ihre Schwiegermutter mit einem „Westpaket" erhalten hatte. Unsere Kollegin blickte entsetzt auf die Tüte und sagte:„Du denkst ja wohl nicht, dass ich dir darin Pflaumen bringe. Ich laufe doch nicht für den Westen Reklame."

Meine Freundin nahm die Plastiktüte, drehte sie um, sodass nichts mehr von der Aufschrift zu sehen war, aber Pflaumen bekam sie trotzdem nicht.

2.8 Der Skat- und Rommeeabend

Alljährlich fand im November an unserer Schule ein Skat- und Rommeeabend statt. Dazu waren auch die Ehepartner eingeladen.

Auf dieses Ereignis freuten sich viele Kollegen. Sie erinnerten sich gern an die besonderen Begebenheiten in den Vorjahren und hatten viel Spaß, wenn sie solche Episoden zum Besten gaben.

Wenn der Aushang zum neuen Turnier am schwarzen Brett hing, trugen sich die meisten gleich ein. Auch meine Freundinnen zögerten nicht lange. Bald fiel ihnen auf, dass mein Name fehlte. „Hast du vergessen, dich einzutragen?" fragten sie mich. „Nein, nein, ich habe keine Ahnung von Rommee.", antwortete ich. „Ach was, das bringen wir dir bei! Komm, wir tragen dich ein!" Widerstand war zwecklos.

Die Tage vergingen wie im Flug. Mit der Übungsstunde wurde es natürlich nichts.

Am besagten Abend holte mich eine Freundin ab

und erklärte mir auf dem Hinweg, lediglich zwei Minuten, im Schnelldurchlauf die wichtigsten Spielregeln. „Na", dachte ich, „es ist ja mehr der Spaß an der Sache. Irgendwie wird es schon werden!"

In fröhlicher Stimmung betraten wir das große Lehrerzimmer. Die Organisatoren hatten alles hübsch hergerichtet. Die Preise standen künstlerisch drapiert auf einem großen Tisch an der Wand.

Nach der Begrüßung wurden noch einmal kurz die Spielregeln erläutert und dann erfolgte die Einteilung an den Tischen.

Ich spielte am ersten Tisch mit drei älteren Kolleginnen zusammen. Sie waren richtige „Kartenfüchse". In ihrer Freizeit trafen sie sich häufig zum Kaffee trinken und Karten spielen. Ernst und konzentriert thronten sie auf ihren Plätzen. Ich, die so unbeleckt war, spielte dreist drauf los, machte witzige Bemerkungen und lachte dabei. Manchmal traf mich ein strenger Blick über den Brillenrand. Diese Kolleginnen wollten gewinnen, zu den Siegern gehören. Ich hingegen wollte Spaß. Das brachte sie durcheinander.

Am zweiten Tisch traf ich mit Freundinnen zusammen. Da ging es hoch her. Wir tranken Wein, hatten flotte Sprüche auf den Lippen und neckten uns. Die Zeit verging wie im Fluge.

Am Ende wurden alle Punktzettel eingesammelt und ausgewertet. Dann nannte eine Kollegin die erreichten Platzierungen. Ich glaubte meinen Ohren nicht zu trauen, ich errang den zweiten Platz. Meine Freundinnen witzelten: „Du hast keine Ahnung. Das glaubst du wohl selber nicht." „Dumm hat manchmal Glück", konterte ich.

Die Siegerin durfte sich als Erste ein Präsent aussuchen, dann folgten alle anderen der Reihe nach. Jeder bekam etwas.

Während die Frauen bereits zusammenräumten, spielten die Männer immer noch Skat. Nur wenige mutige Frauen hatten sich dazu gesellt. Wir warfen einen Blick in die „Räucherbude". Außer den rauchenden Köpfen wurde hier kräftig gequalmt.

Bei den Herren war der Hauptpreis ein lebendes Ferkel. Als dieser Preis überreicht wurde, gab es ein mächtiges Gejohle.

Während sich alle schließlich für den Heimweg rüsteten, entlief das Ferkel seinem neuen Besitzer. Auf dem langen Schulflur flüchtete es und eine Menschentraube hinterher. Einige stellten sich sofort vor die Treppenabgänge, um zu verhindern, dass das Tier hinunter stürzen konnte. Ein wildes Durcheinander!

Unser Kollege, dem dieses quiekende Etwas nun gehörte, trug ständig einen Lederhut. Wir fragten manchmal: „Hast du den im Bett auch noch auf?"

Beim Einfangen seines vierbeinigen Freundes flog zu allem Übel auch sein Hut vom Kopf und geriet zwischen die Massen. Eine Kollegin erspähte das gute Stück, ergriff es blitzschnell und hängte es im Lehrerzimmer über die große Schuluhr am Eingang. Als nach längerer Jagd das arme Tier in den Armen seines neuen Herren wieder Ruhe fand, fiel dem plötzlich auf, dass sein Hut weg war. „Oh je," jammerte er, „das auch noch! Habt ihr meinen Hut gefunden?"

Ganz scheinheilig taten wir so, als ob wir suchten und erklärten schließlich:„ Es hat keinen Zweck weiter Ausschau zu halten. Dein gutes Stück wird sich wieder anfinden."

Missmutig, aber einsichtig, verließ der große Sieger das Gebäude mit der Bemerkung: „Ich fühle mich irgendwie nackt!"

Das Ferkel sollte bei einem Bekannten gemästet werden, um es im nächsten Winter in Koteletts, Würstchen und Schinken zu verwandeln. Eine traurige Aussicht für ein Glücksschwein!

Am nächsten Morgen vermieden wir tunlichst, einen Blick auf die Schuluhr zu werfen. Jeder hatte Sorge, dass unser Husarenstück auffliegen könnte.

In der großen Pause war das abendliche Ereignis vom Vortag Gesprächsthema. Die Kollegen, die alles verpasst hatten, sollten auch ihre Freude haben.

Plötzlich sprang unser arg gestresster Kollege auf. Er hatte seinen Hut entdeckt, stieg auf einen Stuhl, um seinen „Speckdeckel" wieder in die Hand zu nehmen. Wir klatschten vor Vergnügen.

Diese Episode wird noch heute immer mal wieder hervor gekramt und so bleibt sie genau wie unser Kollege unvergessen.

3. Erlebnisse mit Schülern

3.1 Eine Fahrt mit Schrecken

Im Sommer 1977 unternahm ich als junge Lehrerin in den Sommerferien eine Fahrt mit meiner 9. Klasse nach Altenberg, nahe der tschechischen Grenze. Ich kannte meine Schüler seit der 5. Klasse und hatte ein vertrauensvolles Verhältnis zu ihnen. Ohne lange nachzudenken, machte ich mich mit ihnen auf den Weg. Zur Verstärkung nahm ich lediglich eine 14jährige Verwandte mit.

Für uns wurde schon die recht lange Bahnfahrt zu einem Erlebnis. Wir führten zwanglose Gespräche, eine Reihe von Schülern teilten mir ihre Wünsche, Sorgen und Nöte mit, wir machten unsere Späßchen, bzw. vertrieben uns die Zeit mit Kartenspielen. Wie im Flug gelangten wir auf den Leipziger Bahnhof und hatten etwas über eine Stunde Zeit, uns dort umzusehen. Viele Schüler sahen diesen Bahnhof das erste Mal und waren von seiner Größe beeindruckt. Ich bekam den ersten Schreck, als mir bei Weiterfahrt des Zuges einige Jungen berichteten, dass ein Mitschüler bereits sein gesamtes Geld ausgegeben habe. Das konnte ich nicht glauben, aber ein Gespräch mit diesem Schüler bestätigte es. In der Folgezeit hielt er sich meist in meiner Nähe auf und ich brachte es nicht übers Herz, ihn leiden zu lassen, ich spendierte ihm Eis, Getränke u.a.

In der Jugendherberge in Altenburg verbrachten wir erlebnisreiche Tage. Bei einer Wanderung verloren wir die Orientierung, gingen offenbar im Kreis und gelangten schließlich erst am Abend erschöpft ans Ziel.

Als besonderen Höhepunkt planten wir eine Tagesfahrt ins Nachbarland, in die CSSR, nach Teplice. Diese Stadt war bequem mit dem Bus zu erreichen und der Fahrpreis erschwinglich.

Am Tag zuvor tauschten wir uns Geld um, die Menge war begrenzt und der Wert ist mir nicht mehr in Erinnerung. Am folgenden Morgen erschienen alle Schüler pünktlich zum Frühstück und freuten sich auf die kleine Tour, für viele die erste Fahrt ins Ausland. Große Augen machten vor allem die Jungen, als meine Verwandte an der Grenze ihren Kinderausweis vorzeigte. Sie war von ihnen zumindest als gleichaltrig eingeschätzt worden.

In Teplice sahen wir uns zunächst das Stadtzentrum an, dann beschlossen wir in kleinen Gruppen auszuschwärmen, um ein paar Einkäufe zu machen. In der fremden Stadt erhofften wir Einiges zu ergattern, was es bei uns nicht gab. Ich schlenderte mit mehreren Schülern durch die Straßen und hielt nach einem neuen Modell eines „Skoda" Ausschau, das es in der DDR auch bald geben sollte. Als wir den ersten „Skoda 105" erblickten, umkreisten wir ihn, schauten in den Innenraum und stellten befriedigt fest: „Der hat was, der sieht fast wie ein Westauto aus!"

Bei unserem Streifzug durch die Innenstadt trafen wir immer wieder andere Schülergruppen. Alle waren auf der Suche nach Souvenirs. Reichte bei einem das Geld nicht mehr, legten wir wieder zusammen, von unseren eingetauschten Kronen sollte lediglich das Fahrgeld für den Bus übrig bleiben.

Nach einem erlebnisreichen Tag fanden wir uns an der Bushaltestelle ein. Dort erwartete uns schon eine große Menschentraube. Wir dachten: „Die wollen doch nicht alle mit unserem Bus?" – Aber sie wollten!

Kaum hielt der Bus an, strömten alle auf die Tür zu. Es wurde geschubst und gedrängelt, ob man wollte oder nicht, man konnte nicht entweichen. Plötzlich kam ich in der Mitte des Gangs zu stehen, die Sitzplätze waren längst besetzt. Doch welch ein Schreck, der Busfahrer schloss die Tür und fuhr an, aber einige meiner Schüler blieben draußen stehen.

Ich rief laut, aber meine aufgeregten Gesten blieben unbeachtet. Mein Herz begann wie wild zu pochen. Ich war fassungslos! Was sollte mit den verbliebenen Schülern werden? Ich hatte sie allein und ohne Geld (ich hatte den Sammelfahrschein) zurücklassen müssen. Blitzschnell sausten die schlimmsten Gedanken durch meinen Kopf: Was wird, wenn einem Schüler etwas passiert? Wie soll ich den Eltern meiner Schüler ins Gesicht sehen können? Was wird aus meiner eigenen Familie, aus meinen kleinen Kindern, wenn ich zur Rechenschaft gezogen werde? So viele Fragen – keine Antworten! Die Schüler im Bus spürten meine Angst und versuchten mich zu trösten. Auf dem Weg zur Jugendherberge sprach ich kein Wort. An Ort und Stelle griff ich mein Waschzeug und ging unter die Dusche. Zu meiner Begleiterin sagte ich, sie möge mich informieren, wenn etwas Besonderes passiere. Zur Abendbrotzeit begaben sich alle Anwesenden in den Speisesaal. Mir hatte es den Appetit verschlagen. Ich hockte zusammengekauert auf meinem Bett.

Auf einmal stürmte eine Schülerin herein und rief: „ Jetzt sind alle da, Sie können zum Essen kommen!" Ich glaubte nicht richtig zu hören, aber sprang dennoch auf. Eiligen Schritts begab ich mich zu meiner Gruppe. Tatsächlich, alle hatten sich eingefunden! Jetzt erzählten sie freudig von ihren Erlebnissen. Der letzte Schüler war sogar von einer sehr netten Dame zur Unterkunft gefahren worden. Mir fiel ein Stein vom Herzen! Zu den Schülern sagte ich noch: „Mit euch könnte ich auch nach Australien auswandern!"

Nicht nur erleichtert, sondern auch mächtig stolz auf meine Schüler, genoss ich den weiteren Aufenthalt.

3.2 Die Jugendweihefahrt 1976

In Vorbereitung auf die Jugendweihe, an der in unserer Schule fast immer alle Schüler teilnahmen, bildete die Jugendweihefahrt (eine mehrtägige Exkursion) den besonderen Höhepunkt. Das ganze Schuljahr über wurde dafür gespart, zu diesem Zweck wurden Altstoffe gesammelt und abgeliefert, Arbeitseinsätze organisiert (meist Kartoffel nach gesammelt) und sogenannte Kuchenbasare durchgeführt.

Meine Klasse entschied sich für eine Fahrt nach

Berlin. Die Hauptstadt stellte ein attraktives Ziel dar. Einmal gab es dort ein umfangreiches kulturelles Angebot, zum anderen wollte jeder einmal die Hauptstadt gesehen haben und was ebenfalls wichtig war, dort einkaufen. Jeder wusste von dem umfangreichen Angebot und glaubte nun seine Wünsche erfüllen zu können. Nicht selten hatten auch die Eltern ihren Kindern einen Wunschzettel mitgegeben. Wir nutzten deshalb die großzügigen Einkaufsmöglichkeiten im „Centrum" Warenhaus.

Ich entdeckte an verschiedenen Verkaufsständen nützliche Haushaltswaren, wie Glasschälchen, Gläser, Handtücher u.ä. Deshalb drückte ich einigen Schülern Geld in die Hand, damit sie für mich diese Dinge kaufen konnten. So endete ein Stadtbummel meist mit viel Gepäck.

Wir hatten uns vorgenommen, in den fünf Tagen möglichst viel zu sehen und zu erleben. Wir erkundeten das Zentrum, spazierten Unter den Linden, sahen das Brandenburger Tor, die Staatsoper, die Universität, waren auf der

Museumsinsel, besuchten das Museum für deutsche Geschichte und versäumten es nicht, auf dem Fernsehturm die Aussicht auf ganz Berlin zu genießen. Abends waren wir im Theater, erhielten sogar Karten für den Friedrichstadtpalast und erlebten die besondere Atmosphäre in einem Berliner Kino.

An einem Abend blieben wir zu Hause, in einer Bungalow –Siedlung in der Wuhlheide. Wir hatten uns vorgenommen, in kleinen Gruppen etwas zu unternehmen. In einem Bungalow wurden Karten gespielt, in anderen Rätsel geraten, Gesellschaftsspiele durchgeführt oder die Schülerinnen schminkten sich gegenseitig. Alle fanden eine Beschäftigung. Als ich um 22 Uhr an die Nachtruhe erinnerte, konnten das einige noch nicht einsehen. Ich bat aber alle, sich ruhig zu verhalten und nicht mehr draußen umher zu laufen. Zur Sicherheit hielt ich mich weiter im Freien auf, um das zu kontrollieren. Immer, wenn wieder einer den Kopf zur Tür herausstreckte, scheuchte ich ihn hinein. Mir fiel dabei auf, dass in einem Jungenbungalow Ruhe herrschte, die Fensterläden fest verschlossen waren und auch kein Schüler mal herauslugte. Irgendwie war mir das verdächtig, aber ich wollte an dieser Ruhe auch nicht rütteln.

Das Rätsel sollte sich bald auflösen. Kaum hatte ich mich in unseren Bungalow zurückgezogen, vernahm ich draußen Geräusche, offensichtlich liefen Schüler umher. Sie kicherten und tuschelten miteinander. Eine Weile lauschte ich noch, bis es mir zu bunt wurde. Gemeinsam mit der Mutter eines Schülers, die uns als Aufsichtsperson begleitete, wollten wir dem Treiben ein Ende setzen. Als die Jungen uns erkannten, kamen sie fröhlich auf uns zu und wollten uns etwas erzählen. Je näher sie kamen, um so mehr roch man ihre Fahne. In ihrer feucht fröhlichen Stimmung prahlten sie damit, dass sie sich Pfefferminzlikör, ihren „Wiesenpieper" genehmigt hätten.

Wir bekamen einen Schreck, waren wir doch davon ausgegangen, dass kein Schüler Alkohol bei sich hatte (Die Taschen hatten wir vorsorglich kontrolliert.) und wir glaubten auch nicht, dass man 14jährigen Schnaps verkaufen würde, wo doch relativ diszipliniert nach dem Jugendschutzgesetz gehandelt wurde. Was sollten wir nun tun? Wir mussten vor allem weiteren Alkoholgenuss verhindern. Mit den Jungen in dieser Situation zu schimpfen, war sinnlos. Also gingen wir auf sie ein und sagten: „ Habt ihr nicht noch mehr, wir wollen auch einen Schluck zum Aufwärmen." Das ließen sich unsere Freunde nicht zweimal sagen. Sie holten eine angetrunkene Flasche und eine volle. Durch unser Gerede angezogen, erschienen nun auch die Mädchen und mischten sich in unsere Diskussion ein. Um dem ganzen ein Ende zu setzen, entschieden wir Folgendes: „Gebt den Mädchen einen Schluck ab und schenkt uns die volle Flasche!" Das fand allgemeine Zustimmung. Auf diese Weise wurde die angetrunkene Flasche geleert und die volle hatten wir unter Verschluss. Danach waren alle bereit, sich schlafen zu legen. Wir beobachteten die Szene noch eine Weile, aber unser Wunsch wurde nun respektiert.

Am nächsten Tag werteten wir den Vorfall gründlich aus und hatten einsichtige Schüler. Es bewegte aber einige die Frage, was wird aus der vollen Flasche? – Ich behielt sie in meinem Gepäck, bis zum Eintreffen auf unserem Heimatbahnhof. Dort übergab ich sie (etwas leichtfertig) dem Schüler, der sie gekauft hatte. Dieser hatte noch einen längeren Nachhauseweg und einige meinten: „Was machen Sie, wenn er sie unterwegs mit seinen Freunden austrinkt?" Ich vertraute ihm und ging davon aus, wenn er angetrunken nach Hause käme, würde die Strafe der Eltern auf dem Fuße folgen. Er enttäuschte mich nicht. Einige Tage später traf ich die Mutter dieses Schülers und sie erzählte mir, dass ihr Sohn dem Vater die Flasche übergeben und die ganze Geschichte gebeichtet hätte.

3.3 Bange Stunden

Im Keller der Goethe - Schule hatten Schüler einen Diskoraum eingerichtet, der von den einzelnen Klassen gern und häufig für Veranstaltungen genutzt wurde. So führte auch meine Klasse ihre Klassenfeste dort durch. Die Schüler sorgten selbst für Musik, beschafften Getränke und stellten Platten mit belegten Brötchen auf die Tische. Diese Feiern dauerten meist bis gegen 22 Uhr. Für uns Lehrer bedeuteten sie einen Härtetest. Nach absolviertem Unterricht musste man sich sputen, die Vorbereitungen für den nächsten Tag anfertigen, die Familie versorgen, sich um die Vorbereitung der Feier kümmern, den Ablauf überwachen, die laute Musik ertragen und letztlich für Ordnung in den genutzten Räumlichkeiten sorgen. Zum Schluss der Veranstaltung ermahnte ich gewohnheitsgemäß die Schüler, sich auf direktem Wege, am besten in Gruppen, auf den Heimweg zu begeben.

Gestresst traf ich gegen 22.30 Uhr zu Hause ein und

hatte nur den einen Wunsch, mich in mein Bett zu legen. Blitzschnell reinigte ich mich und fiel anschließend in einen tiefen Schlaf. Mein Mann absolvierte eine Reservistenübung, sodass ich mit meinen zwei Kinder allein zu Hause war.

Unser Schlafzimmer befand sich im ersten Stock. Nach einiger Zeit bemerkte ich etwas an unserem Fenster, es schienen kleine Steinchen an die Scheibe zu pochen. Noch schlaftrunken begab ich mich ans Fenster. Zu meiner Überraschung erblickte ich die Eltern einer Schülerin, die wild gestikulierten. Ich öffnete das Fenster und erfuhr von dem Elternpaar, dass ihre Tochter nicht zu Hause eingetroffen sei und sie sich große Sorgen machten. Mich traf diese Nachricht wie ein Schlag. Auf einmal war ich hellwach. Ich konnte nur beteuern, dass alle Schüler gemeinsam die Schule verlassen hätten. Die Eltern wollten nun ihre Tochter suchen.

Für mich war nach einem kurzen Nickerchen die Nacht zu Ende. Die schlimmsten Gedanken jagten mir durch den Kopf, mein Herz raste, ich malte mir das Grausamste aus. Völlig hilflos rannte ich in der Wohnung umher. Keinem konnte ich meinen Kummer mitteilen. Im Bett fand ich keine Ruhe. Als morgens der Wecker klingelte, war ich wie gerädert. Ich verrichtete die gewohnten Arbeiten und fuhr früher als sonst mit meiner kleinen Tochter zum Kindergarten. Die Wohnung meiner Schülerin lag auf halben Weg. Ich musste wissen, was los war und entschloss mich, dort zu klingeln. Mit flatterndem Herzen stand ich vor der Wohnungstür. Als mir geöffnet wurde, sah ich die Schülerin, wie sie sich die Haare föhnte. Mir fiel ein Stein vom Herzen, andererseits konnte ich nicht verstehen, weshalb die Eltern mich nicht informiert hatten. Zwar hatte ich damals noch kein Telefon, aber vorher hatten sie auch mit dem Auto den Weg zu mir gefunden.

In der Schule nahm ich meine Schülerin zur Seite, um Genaueres zu erfahren. Sie beichtete, dass sie sich mit einem Freund in den Wallanlagen aufhielt und als sie das Auto ihrer Eltern erblickte, flugs nach

Hause eilte. Ihre Eltern fanden sie dann schon im Bett vor.

Ich machte ihr klar, dass sie mich in eine verzweifelte Lage gebracht hatte, weil sie der Aufforderung nicht gefolgt war. Etwas betreten entfernte sie sich nach unserem Gespräch.

3.4 Scheinbar ausgetrickst

In den ersten Jahren meines Lehrerdaseins erlebte ich manche Dinge, die mich lange bewegten und bei denen ich „Lehrgeld zahlte".

So ließ ich in einer 7. Klasse ein Gedicht auswendig lernen und forderte die einzelnen Schüler auf, vor der Klasse zu rezitieren. Da ich noch unsicher war, schaute ich während des Vortrages eifrig ins Buch. Ich ließ die Schüler in Dreiergruppen hinter einander aufsagen und die übrigen Mitschüler erhielten den Auftrag, die Leistungen einzuschätzen, miteinander zu vergleichen und einen Vorschlag für die Benotung zu unterbreiten. An der Tafel standen die

Parameter, an denen sich die Schüler orientieren konnten. Sie bewerteten die Textsicherheit, die Betonung und das gesamte Auftreten des Rezitators vor der Klasse.

In jeder Klasse gab es Schüler, die große Freude am Gedichtvortrag hatten. Diese erhielten zuerst die Möglichkeit, ihr Können unter Bewies zu stellen. Sie setzten gewissermaßen den Maßstab.

Im Laufe der Zeit traute sich kaum noch ein Schüler, unvorbereitet nach vorn zu kommen.

Axel, ein selbstbewusster, gut aussehender Schüler, war dafür bekannt, große Wirkung ohne besonderen Fleiß zu erzielen. Die meisten Mädchen himmelten ihn an, aber bei den Jungen schwankte sein Auftreten zwischen Bewunderung, Neid und Ablehnung. Ich nahm ihn erst zum Schluss der Stunde dran. Axel kam mit strahlendem Gesicht nach vorn, stellte sich, von mir unbemerkt, etwas weiter zurück, vor die Wandtafel, sodass ich ihn nicht im Blick hatte. Sein Vortrag erfreute mich, aber als er sich setzte, trat eine bedrückende Stille ein. Kein Schüler wollte sich anschließend bereitwillig, wie sonst üblich, zur Einschätzung der Leistung äußern.

Das Klingelzeichen befreite schließlich alle aus der unangenehmen Situation.

Für mich ging nach der Pause in einer anderen Klasse der Unterricht weiter. Da blieb keine Zeit zum Nachdenken.

Als ich am Mittag nach Hause ging, ließ ich wie meistens den Unterrichtstag noch mal kurz Revue passieren und dabei fiel mir die merkwürdige Situation wieder ein. Von nun an ließ mich die Erinnerung an den Vorfall nicht mehr los. Irgendetwas stimmte nicht, das wurde mir klar, aber was war es? Wie sollte ich mich in der nächsten Stunde verhalten? Von meiner Reaktion würde viel abhängen. Immer wieder kehrten die Bilder aus der Unterrichtsstunde in mein Gedächtnis zurück. Ich ging in Gedanken noch einmal alles durch. Schließlich zog ich den Schluss, dass der Schüler mich ausgetrickst haben musste, sodass seine

Mitschüler verlegen reagierten. Ich überlegte hin und her. Wie konnte ich Licht in das Dunkle bekommen?

Vor dem Schlafengehen fasste ich einen Entschluss. Am folgenden Tag, in der nächsten Deutschstunde, forderte ich den Schüler erneut auf, sein Gedicht vorzutragen. Ich sagte: „ Du hast mich gestern mit deinem Vortrag so erfreut, deshalb möchte ich ihn heute noch einmal hören." In der Klasse herrschte eisiges Schweigen. Mein Schüler lief rot an, erhob sich nur zögerlich und fragte entsetzt :„ Wieso denn das?" Ich beharrte auf meiner Forderung.

Die erste Strophe trug er fließend vor, bei den folgenden musste ich immer wieder weiter helfen. Dabei ließ ich ihn keinen Moment aus dem Auge. Etwas verschämt schlich er nach der Rezitation auf seinen Platz. Ich bat ihn, nach der Stunde zu mir zu kommen und ging nicht weiter auf das Geschehen ein.

Die übrigen Schüler hatten wohl ein Donnerwetter erwartet und wussten offensichtlich nicht, wie sie mein Verhalten deuten sollten.

Zu Beginn der Pause stand Axel neben mir am Lehrertisch. Zuerst wollte er sich herausreden:„ Sie haben mich überrascht und ganz durcheinander gebracht." Ich verlangte: „ Sag die Wahrheit, dann wird das Ganze kein Nachspiel haben!"

Schließlich gab er kleinlaut zu: „Ich kam bei den Strophenanfängen immer durcheinander. Deshalb habe ich sie mir in die Handfläche geschrieben."

Dank meiner Unaufmerksamkeit konnte er sie unbehelligt ablesen.

Ich entließ ihn mit der Bemerkung: „Du hast mich um eine wichtige Erfahrung reicher gemacht!"

Auf dem Schulhof strömten die Mitschüler zu ihm und ließen sich berichten. Leider konnte ich nicht hören, was er ihnen erzählte, aber ich hatte den Eindruck, dass bei uns die Fronten geklärt waren.

Mit großer Freude trugen später meine Schüler Gedichte vor und ich kann mich an keine weiteren Ungereimtheiten erinnern.

3.5 Mit dem Moped zum Sportfest

Jedes Jahr im Juni fand in unserer Schule das Sportfest statt. Alle Schüler und die Klassenlehrer marschierten in Reih und Glied. Vorweg der Spielmannszug mit flotter Marschmusik. Die älteren Schüler fanden es wenig amüsant, im bunten Reigen mitzumarschieren. Deshalb waren wir Lehrer aufgefordert worden, auf die Geschlossenheit hinzuweisen.

Meine Schüler, besonders die Jungen, hatten fast alle die Fahrprüfung bestanden und brannten darauf, ihr Moped zu bewegen. Oft wurde das Jugendweihegeld zum Kauf genutzt. Mit dem 15. Geburtstag bildete das neue Gefährt den entscheidenden Lebensinhalt. Selbst kurze Strecken wurden damit zurückgelegt.

Meine Jungen bildeten da keine Ausnahme. Meist folgten sie meinen Anweisungen, aber dieses Mal war die Verlockung größer, zumal sie sich noch zu einem kleinen Wettrennen verabredet hatten.

Als meine Klasse auf dem Schulhof Aufstellung nahm, fiel mir das Fehlen einiger Jungen sofort auf. Ich ahnte Ungemach.

So kam, was kommen musste. Die Rennfahrer brausten auf den Parkplatz am Stadion am See und direkt in die Arme des Schulleiters, der gerade seinen „Trabbi" geparkt hatte. Da ließ das Donnerwetter nicht lange auf sich warten. Wutentbrannt drohte er allen mit einem Tadel.

Das war kein Spaß, denn es hatte zur Folge, dass die Note in Betragen um eins herunter gesetzt werden würde und das auf dem für die weitere Entwicklung so wichtigen Zeugnis. Mit dem Endjahreszeugnis der 9. Klasse bewarben sich die Schüler für weiterführende Schulen und um eine Lehre. Die meisten Eltern, die für manche Eskapade Verständnis aufbrachten, würden diese Aktion nicht tolerieren.

Als ich mit dem Tross eintraf, empfingen mich die großen Helden mit hängenden Köpfen. Wie begossene Pudel sahen sie aus.

Irgendwie taten sie mir nun leid. Ich überlegte, wie ich ihnen helfen könnte. Einen gehörigen Denkzettel hatten sie zwar verdient, aber der weitere Weg sollte ihnen nicht durch diesen Übermut verbaut werden.

Während des Vormittags hatte ich die folgsamsten Schüler. Am liebsten hielten sie sich in meiner Nähe auf und kämpften mit großem Einsatz um beachtliche sportliche Erfolge. So manche Spitzenleistung wurde am Mittag geehrt, eigentlich insgesamt ein erfolgreicher Tag, wenn da nicht der bittere Beigeschmack vom morgendlichen Start gewesen wäre.

Während der Wettkämpfe suchte der Schulleiter das Gespräch mit mir. Gemeinsam umrundeten wir mehrmals das Stadion. Die Augen meiner Schüler verfolgten uns.

Ich merkte, dass bei meinem Chef die erste Wut verraucht war und auch er sachliche Überlegungen anstellte, ohne sein Gesicht zu verlieren. Als ich dann erklärte, ich hätte wohl vergessen, noch einmal ausdrücklich auf den gemeinsamen Marsch hinzuweisen, durchschaute er meine Absicht und erwiderte:„ Glaubst du, ich weiß nicht, was du vorhast, also mach einen vernünftigen Vorschlag." „ Ja, Strafe muss sein, aber der Tadel ist zu hart, ich schlage vor, dass die Jungen vierzehn Tage nach Unterrichtsschluss den Schulhof reinigen. Das werde ich kontrollieren." Darauf konnten wir uns einigen. Die Aufsicht wollte mein Chef selbst übernehmen. Lächelnd sagte er: „Du hast doch keine Strafe verdient."

Meinen Schülern informierte ich zunächst nicht über diese Abmachung. Das schlechte Gewissen sollte sie ruhig etwas quälen!

Am nächsten Tag, in der großen Pause, befreite ich sie von ihren Sorgen. Der ausgehandelte Kompromissvorschlag fand allgemeine Zustimmung. Die Mädchen wollten die Jungen sogar unterstützen. Alles klappte reibungslos und wir rückten als Gemeinschaft fester zusammen.

3.6 Ärger in der Frühstückspause

In unserer Schule gab es nach der zweiten Unterrichtsstunde eine Frühstückspause. Alle Schüler blieben auf ihren Plätzen, packten ihr Frühstücksbrot und mitgebrachtes Obst aus. Der Milchdienst, zwei speziell dafür ausgewählte Schüler, teilten die Milch aus, die in Glasflaschen angeliefert wurde. Auf einer Liste stand vermerkt, welche Milch der einzelne Schüler bestellt hatte. Jeder konnte zwischen weißer Milch, Schoko- oder Fruchtmilch wählen. Die meisten Schüler nutzten dieses Angebot.

Der Lehrer saß am Lehrertisch, nahm selbst sein Frühstück ein und sorgte dafür, dass eine relativ ruhige Atmosphäre im Raum herrschte. Im ersten Teil der Pause war das meist unproblematisch, schwieriger wurde es, wenn alles verspeist war und der Kontakt zu anderen Mitschülern gesucht wurde.

Am Ende der Pause sammelte der Milchdienst die leeren Flaschen ein, stellte sie in eine Kiste, schaffte diese in den Keller, spülte die Flaschen aus und übergab die Kiste mit den sauberen Flaschen der Hausmeisterin. Gelegentlich gab es bei dieser Aktivität Gedränge und Rangeleien, sodass ein Erwachsener einschreiten musste.

Als Lehrer hatte man die Aufgabe, darauf zu achten, dass der Milchdienst seine Aufgaben gewissenhaft erfüllte oder für Ersatz zu sorgen, wenn diese Schüler fehlten.

In der eigenen Klasse war das leichter, aber man hielt sich meist in dieser Pause in fremden Klassen auf.

Nicht immer bekam man mit, was sich direkt auf den einzelnen Schulbänken abspielte.

So erhielt ich eines Tages von der Mutter eines Schülers zu Hause Besuch, die mir ihr Leid klagte.

Ein großer, kräftiger Mitschüler ihres schmächtigen Sohnes hatte seine Freude daran, das Frühstücksbrot ihres Kindes zu verzehren. Ein Appell an den Klassenlehrer, für Abhilfe zu sorgen, hatte nichts gebracht. Da ich relativ oft in der Klasse war, sah sie eine Chance, dass ich helfen könne.

Ich versprach, mich der Sache anzunehmen. Aber wie sollte ich es anstellen?

Da ich beide Schüler lange kannte und einen guten Draht zu ihnen hatte, wollte ich nicht so plump vorgehen.

Zwei Tage später erlebte ich die Klasse in der Frühstückspause.

Als alle Schüler ruhig auf ihren Plätzen saßen, stand ich auf, nahm mein Frühstücksbrot und einen großen Apfel und begab mich zu dem Schüler, der seinen schwächeren Mitschüler drangsalierte. Ich fragte:,,Möchtest du mein Frühstück einnehmen? Du kannst auch den Apfel haben." Völlig überrascht antwortete er:,, Nein, wieso das? Ich habe selbst was dabei." - ,,Ach so," entgegnete ich, ,,ich wollte nur, dass Max auch ein paar Happen zu sich nehmen kann. Wenn du mal wieder großen Hunger hast, melde dich bei mir."

Mit hoch rotem Kopf sah mich Alex fassungslos an. Nie wieder hörte ich Klagen.

Später fragte mich Alex: „ Woher wussten sie das schon wieder?" Ich lächelte nur.

3.7 Das Kartoffel nachsammeln

Anfang der 80er Jahre erhielt ich im September eine 8. Klasse zugeteilt. Der Schulleiter hatte sich zu einem Wechsel entschieden. Im Gespräch sagte er mir: „ In der Klasse gibt es viele leistungsstarke Schüler. Es wird dir Freude bereiten, mit ihnen zu arbeiten. Probleme zeigen sich aber in ihrem Verhalten. Auf Grund ihrer guten Leistungen wurden Disziplinlosigkeiten nicht immer geahndet. Diese Nachsicht nutzen sie aus."
Ich sollte sehr schnell eine Kostprobe erhalten.
In der DDR war es üblich, dass die Schüler im Herbst bei der Kartoffelernte halfen. Meist wurden sie am Nachmittag zum Kartoffel nachsammeln eingesetzt. Hierbei gab es für die Schüler eine gute Möglichkeit, die Klassenkasse zu füllen. Im Lehrerzimmer hing eine Liste aus, in die sich die

einzelnen Klassen eintragen lassen konnten. Meine Klasse entschloss sich sehr früh zu mehreren Einsätzen, denn es sollte Geld für die bevorstehende Jugendweihefahrt erarbeitet werden.

So trafen wir uns in Arbeitssachen um 14 Uhr an der Schule und wurden von einem LKW mit Aufsatz, einem sogenannten „Hühnerbus", auf das Feld gefahren. Dort wartete ein Pferdefuhrwerk auf uns. Der Kutscher reichte jedem einen Korb vom Wagen und forderte uns auf, in einer Reihe nebeneinander die auf dem Feld liegengebliebenen Kartoffel aufzusammeln. Ich glaubte, mit gutem Beispiel voran gehen zu müssen, reihte mich ein und sammelte fleißig drauf los. Die vollen Körbe schütteten wir auf den Wagen. Später wurde nach Gewicht bezahlt. Ich nahm an, jeder werde sein Bestes geben, denn es käme ja ihnen selbst zugute. Aber weit gefehlt!

Bald bemerkte ich, dass während ich sammelte, einige Schüler keine Lust hatten, sich zu bücken und sich stattdessen mit Kartoffeln bewarfen. Wenn sie nicht richtig zielten und die Pferde trafen, machten diese einen Satz und der Kutscher schimpfte verständlicherweise. Mir war dieses Verhalten peinlich, aber da ich noch nicht die Namen der meisten Schüler kannte, wusste ich oft nicht, wie ich sie maßregeln sollte.

Ich war sichtlich erleichtert, als wir am Abend das Feld verließen.

Das nur mittelmäßige Ergebnis brachte uns im schulinternen Wettbewerb nur einen hinteren Platz. Mich schmerzte der Misserfolg mit der neuen Klasse. So hatte ich mir den Auftakt nicht vorgestellt!

Mir war klar, ich musste das Geschehen gründlich auswerten. Die Schüler sollten wissen, dass sie mich enttäuscht hatten und ich Ähnliches nicht tolerieren würde.

Dabei kam mir zur Hilfe, dass in jedem Schuljahr zu Beginn die erste Elternversammlung stattfand. Die meisten Eltern wollten die neue Klassenlehrerin kennenlernen und erschienen deshalb zahlreich. Das machte ich mir zunutze, alle bemerkten Ungereimtheiten sprach ich offen an und versprach den Eltern, künftig engen Kontakt zu ihnen zu halten und bei den Schülern konsequent durchzugreifen. Dafür erhielt ich allgemeine Zustimmung.

Beim nächsten Kartoffeleinsatz erreichte meine Klasse ein Spitzenergebnis. Ein kleiner Trick hatte Abhilfe gebracht. Ich erinnerte mich an den Ausspruch „ Vertrauen ist gut, Kontrolle ist besser!" Also setzte ich mich gleich zu Beginn neben den Kutscher auf den Kutschbock und hielt eine Karteikarte mit den Namen meiner Schüler und Schreibzeug in der Hand. Für jeden ausgeschütteten Korb machte ich einen Strich auf meiner Liste. Ich achtete auch darauf, dass jeder Korb richtig gefüllt war und alle emsig arbeiteten. Das wirkte Wunder! Am Ende konnte ich genau sagen, wer welches Ergebnis erzielt hatte. Für gute Leistungen belobigte ich die Schüler schriftlich. Diese Belobigung legten sie dann stolz zu Hause vor. Tadelnde Bemerkungen entfielen, meist erzogen sich die Schüler untereinander.

3.8 Kopfnoten und deren Wirkung

Mit einer Klasse erlebte ich ein Wechselbad der Gefühle.

Als am Ende des 8. Schuljahres die sogenannten „Zensurenkonferenzen" stattfanden, ging es bei meiner Klasse hoch her. Es sollten vor allem die „Kopfnoten" festgelegt werden. Dazu zählten die Zensuren in Betragen, Fleiß, Mitarbeit und Ordnung und eine Note für das Gesamtverhalten.

In der Vorbereitung bat ich alle Kollegen, ihren Zensurenvorschlag auf eine Karteikarte einzutragen. Das hatte den Vorteil, dass man sich nur zu strittigen Fällen unterhalten musste.

Bei den meisten leistungsstarken Schülern stand im Betragen eine Zwei minus. Ich gab deshalb zu bedenken, ob die „Zwei" dann noch gerechtfertigt sei. Schließlich könne ich ja nicht in die Beurteilung schreiben, das Betragen sei nicht immer gut oder noch immer nicht gut. Einige Kollegen befürchteten, dass der Sturmlauf der Eltern einsetzen würde, wenn neben sehr guten und guten Zensuren in den Fächern die „Drei" im Betragen erschiene, außerdem seien viele Schüler aus prominenten Elternhäusern. Mich schreckte das nicht. Ich dachte, der Zweck heiligt die Mittel und ein gutes Gewitter reinigt die Luft. Schließlich kam mein Vorschlag durch. Allen war klar, ich würde es ausbaden müssen. Den Schülern erläuterte ich meine Entscheidung und sie nahmen es zähneknirschend zur Kenntnis. Weil alle gleich behandelt wurden, wirkten sie einsichtig.

Ganz anders verhielten sich einige Eltern. Sie reagierten empört, fühlten sich selber angegriffen, obwohl sie mir ihre Unterstützung zugesagt hatten. Schließlich beschwerten sie sich bei der Schulleitung.

In den Sommerferien führte ich einige Elterngespräche, in denen ich meine Auffassung verteidigte und versicherte, dass ich im kommen Schuljahr eine deutliche Veränderung erwarte. Den

Eltern war bekannt, dass am Ende des 9. Schuljahres die Weichen für den Besuch einer weiterführenden Schule bzw. für die Berufswahl gestellt würden. Das Endzeugnis der 9. Klasse spielte eine entscheidende Rolle bei den Bewerbungen, neben den Noten in den einzelnen Fächern kam den Kopfnoten und der verbalen Einschätzung eine zentrale Rolle zu.

Ich war mir sicher, dass meine Schüler ihre Lehren ziehen würden und sie enttäuschten mich nicht. Bei Wettkämpfen auf sportlichem, künstlerischem und fremdsprachlichem Gebiet erzielten sie hervorragende Ergebnisse. Ich konnte mich auf sie verlassen. Die leistungsstarken Schüler verhielten sich vorbildlich, sie unterstützten schwächere Mitschüler und das gesamte Klassenklima gestaltete sich angenehm. Eine Freude wurden die Klassenfeste. Alle hatten große Freude am Tanzen. Elternvertreter dankten mir später mit einem riesigen Blumenstrauß, der mir Tränen in die Augen trieb.

Wenn wir uns heute nach vielen Jahren treffen,

schwelgen wir in schönen Erinnerungen.

3.9 Der Lehrer

Wie kaum eine andere Berufsgruppe wird die Lehrerschaft in der Gesellschaft sehr unterschiedlich wahrgenommen. Über sie existieren unzählige Witze und Anekdoten. Da jeder einmal zur Schule ging, kann auch jeder entsprechend seiner Erfahrung etwas dazu sagen.

Hier nun einige Beispiele:

Ich hörte ganz oft: *„Am Vormittag haben sie recht und am Nachmittag frei."*

aber auch: *„ Ein Glück, dass es Lehrer gibt, sonst wären wir immer noch die Dümmsten!"*

In einem Buch las ich Folgendes:

„ Es gibt da so ein Vorurteil. Über Lehrer. Und Lehrerinnen. Dieses Vorurteil vom bestbezahlten Halbtagsjob im großen Freizeitpark der

Beamtenschaft. Dass die viel zu viele Ferien haben. Und bei jeder Kleinstdepression frühpensioniert werden...

Populismus ist das. Üble Verleumdung. Fragen Sie mal einen Lehrer! Die haben in Wirklichkeit einen knüppelharten Job...den ganzen Tag die Kinder. Wissen Sie, wie laut Kinder sein können?...Alle und jeder wollen irgend etwas. Wie Parasiten saugen Schüler, Eltern und Schulverwaltung das Energiezentrum des Lehrers aus. Ehrlich! Das ist ein Scheißjob! Der macht einen völlig mürbe! Den „übt" man nicht aus, den „hält" man aus!"

Prof. Müller- Limmroth schrieb in der „Züricher Zeitung" :

Wahrscheinlich gibt es nicht viele Berufe, an die die Gesellschaft so widersprüchliche Anforderungen stellt:

Gerecht *soll er sein, der Lehrer, und zugleich* ***menschlich*** *und* ***nachsichtig, straff*** *soll er führen, doch* ***taktvoll*** *auf jedes Kind eingehen, Begabungen wecken, pädagogische Defizite ausgleichen, Suchtprophylaxe und Aidsaufklärung betreiben, wobei hochbegabte Schüler gleichermaßen zu berücksichtigen sind wie begriffsstutzige. Mit einem Wort: Der Lehrer hat die Aufgabe, eine Wandergruppe mit Spitzensportlern und Behinderten bei Nebel durch unwegsames Gelände in nordsüdlicher Richtung zu führen, und zwar so, dass alle bei bester Laune und möglichst gleichzeitig an drei verschiedenen Zielorten ankommen."*

Diese Äußerungen legen nahe, dass ganz perfekt zu sein, unmöglich ist. Diesen Beruf sollte man nicht als Broterwerb ausüben, den muss man lieben, muss bereit sein, ständig dazu zu lernen, seine Schüler zu achten, sein Bestes zu geben und und...
Der Lehrerberuf kann dann zu den schönsten gehören.

4. Stürmische Zeiten 1989/90

4.1 1989 das Schicksalsjahr

Das Jahr 1989 begann für mich mit einem harten Schicksalsschlag, dem Tod meines Mannes, der mich in eine tiefe Krise stürzte. Lediglich meine zwei Kinder und meine Arbeit gaben mir Halt, ja sie disziplinierten mich regelrecht. Ich funktionierte, stellte mich den Anforderungen.

Trotz allem spürte ich intuitiv, wie unzufrieden viele Menschen in meinem Umfeld mit den gesellschaftlichen Verhältnissen waren. Auch ich wünschte mir grundlegende Reformen und war optimistisch, dass sich etwas tun müsse. Dass eine totale Wende auf friedlichem Wege möglich sein würde, hat wohl kaum jemand zu hoffen gewagt.

In meiner Schule spitzte sich die Lage ebenfalls zu. Einige Schüler provozierten mit ihrer Kleidung – Springerstiefel, Bomberjacken, Kettchen mit Kreuz

-, ihrer Frisur – Hahnenkamm, Irokesenschnitt in bunten Farben – und waren nicht mehr gewillt, alle Forderungen hinzunehmen. So erinnere ich mich, welche Aufregung es gab, als sich zwei Schülerinnen einer 8. Klasse weigerten, Mitglied der „Deutsch - Sowjetischen Freundschaft" zu werden. Ihre Haltung wich von dem verbreiteten Wunsch nach 100%iger Mitgliedschaft ab.

Auch im Lehrerkollektiv ging es heiß her. Neben Versorgungsproblemen, die ständig diskutiert wurden, sorgten engstirnige politische Entscheidungen für Zündstoff.

Besonders die nach Unterzeichnung der KSZE-Schlussakte eingeräumte Möglichkeit, zu bestimmten familiären Ereignissen ins „westliche Ausland" (wie es damals hieß) reisen zu dürfen, führte zu Konfrontationen.

Während einige Kolleginnen mit guten Beziehungen zu staatlichen Stellen fahren durften, wurde es anderen unter fadenscheinigen Gründen verweigert, z.B. weil die Reise nicht in die Ferienzeit fiel. Dass andere Fachkollegen den ausfallenden Unterricht unentgeltlich übernehmen wollten, überzeugte ebenfalls nicht.

Diese Ungleichbehandlung heizte die Stimmung erheblich auf. Erstaunlicherweise hatten plötzlich Kollegen „Westverwandtschaft", die sie vorher verleugnet hatten.

Das friedliche Nebeneinander stand auf der Kippe und verschlechterte auch das Verhältnis zu den Leitungsgremien.

Die Spannungen nahmen auf allen Ebenen zu. Man hörte von mutigen Einzelaktionen, verfolgte mit Sorge die über Ungarn einsetzende Fluchtwelle von DDR – Bürgern, hörte von der Schließung der Ständigen Vertretung der BRD in Ostberlin wegen Überfüllung.

Die Ereignisse überschlugen sich förmlich. Entsprechend turbulent begann das Schuljahr 1989/90. Von staatlicher Seite versuchte man alles herunter zu spielen oder mit Gewalt zu unterdrücken.

4.2 Ein heißer Herbst kündigt sich an

Im Herbst des Jahres 1989 nahm ich an einer Fortbildung im Fach Geschichte zum Thema „Die Auswirkungen der französischen Revolution" in Erfurt teil. Aus unserem Kreis war ich die Einzige. Das behagte mir zunächst nicht, aber ich fuhr trotzdem. Überraschender Weise traf ich gleich am ersten Abend mit einer ehemaligen Kommilitonin zusammen. Nach dem Studium hatte es sie nach Demmin verschlagen. Da wir uns nach langer Zeit wiedersahen, gab es viel zu erzählen.

Wir waren in einem Studentenwohnheim untergebracht. Unsere Wohneinheit bestand aus einem Zwei- und einem Dreimannzimmer mit gemeinsamem Waschraum und WC. Ich lernte auf diese Weise weitere Kolleginnen aus anderen Gebieten unseres Landes kennen. Zwei von ihnen kamen aus Leipzig. Sie berichteten, für mich überraschend, von Demonstrationen und Unruhen in ihrer Heimatstadt. Mich fragten sie, ob ich nichts davon auf dem Bahnhof bemerkt hätte. Ich verneinte.

Aber von nun an verfolgte ich mit noch größerem Interesse alles um mich herum. Seit einiger Zeit hatte ich die Hoffnung, dass sich in unserem Land etwas tun werde. Missstände, wie erhebliche Versorgungsengpässe, fehlendes Material in den Betrieben, die Ausbürgerung bekannter Künstler u.a., wurden offenkundig. Außerdem setzte ich auf das sowjetische Vorbild mit „ Perestroika" und „Glasnost".

Meine Erwartungen wurden nicht enttäuscht. Unsere Lehrveranstaltungen verliefen völlig anders als gewohnt. Dozenten, die nach altem Stremel ihre Vorlesungen halten wollten, wurden von uns unterbrochen und zur Diskussion gezwungen. Mir bereitete diese Art des Meinungsaustausches großes Vergnügen. Endlich gab es unterschiedliche Betrachtungen, vor allem aus der Alltagserfahrung heraus, und altbekannte Phrasen verfehlten ihre Wirkung. Ich hatte den Eindruck, dass sich erst nach und nach die Kollegen zur freien Meinungsäußerung durchrangen. Allen voran überwanden die Vertreter aus den Großstädten wie Leipzig und Dresden zuerst ihre Hemmungen und steckten schließlich alle an. Es entstand eine besondere Spannung und eine Aufbruchstimmung machte sich breit.

Als meine Kolleginnen und ich am Nachmittag des 18. Oktobers 1989 von unseren Seminaren zurückkehrten, empfing uns eine andere Kollegin, die wegen Unwohlseins bereits zu Mittag gegangen war, völlig aufgeregt mit der Neuigkeit, Erich Honecker sei zurückgetreten und Egon Krenz werde neuer Staatsratsvorsitzender. Wir lachten sie aus und sagten, sie habe wohl geträumt. Das konnte nicht stimmen. Keiner wollte es glauben. Unsere Nachbarin blieb hartnäckig. Sie zerrte uns zum Fernseher, in dem gerade über die Ablösung an der Führungsspitze berichtet wurde. Wir waren baff! Was würde nun folgen? Alle redeten wild durcheinander. Die Müdigkeit wich aus unseren Körpern. Der Vorsatz, uns vor einem gemütlichen Beisammensein noch eine Stunde aufs Ohr zu legen, war schon vergessen. Wir hatten Mühe, uns für die Feier zurechtzumachen. Immer neue Gedanken bewegten uns.

Als wir schließlich am Abend das Lokal betraten, trafen wir mit einem Kollegen zusammen, der ebenfalls an unserem Tisch Platz nahm. Er war über seine Frau verwundert, weil sie ihm am Telefon erklärt hatte, er solle Verständnis haben, aber sie wolle jetzt unbedingt eine Meldung im Fernsehen verfolgen, sie riefe später zurück. Unser Tischnachbar hatte bis dahin gar nicht mitbekommen, was sich ereignet hatte. Den ganzen Abend über diskutierten wir angeregt und überlegten, ob in unserer Heimat auch etwas von der Aufbruchstimmung zu merken sei.

Der Norden gilt ja allgemein als etwas verschlafen. Schon Bismarck soll sich nicht sehr freundlich über uns geäußert haben. Deshalb war ich völlig überrascht , was mich zu Hause erwartete.

Nach den Herbstferien veränderte sich das Klima in unserer Schule gewaltig. Lehrer wie Schüler kamen mit ganz neuen, aber oft recht unterschiedlichen Erwartungen in die Schule. Was früher hinter vorgehaltener Hand geäußert wurde, sprachen die ersten offen aus. Die Mehrzahl der Schüler erwartete von uns Lehrern, dass wir uns klar positionierten und statt des Lehrstoffs auf ihre Fragen und Probleme eingingen. Einige Kollegen hatten damit große Schwierigkeiten. Sie empfanden das Verhalten der Schüler als renitent und weil sie es nicht gewohnt waren, mit ihnen zu diskutieren, fühlten sie sich in die Enge getrieben und z.T. angegriffen. Mit drastischen Maßnahmen, wie den Einsatz von Schulstrafen, versuchten sie, meist erfolglos, gegenzusteuern. Andere freuten sich, nicht mehr mit der eigenen Meinung hinter den Berg halten zu müssen und wiederum andere fanden sich in ihrer bisherigen Haltung bestärkt. Die Mehrzahl der Schüler war, meist durch die Haltung ihrer

Eltern und Freunde bzw. durch die Meldungen aus den Medien, von dem Wunsch nach Veränderung beseelt. In ihren Köpfen spukten die unterschiedlichsten Gedanken umher und sie nutzten den großen Freiraum. So wollten sie ihre Lehrer, besonders die Klassenlehrer, frei wählen können. Sie forderten ein Mitspracherecht bezüglich der Unterrichtsgestaltung und der Unterrichtsinhalte. Es kam zu Schulstreiks mit anschließenden Kundgebungen, auf denen sie ihre Gedanken öffentlich kundtaten.

In dieser Situation trat die Parteisekretärin unser Schule völlig überraschend an mich mit der Frage heran, ob ich bereit sei, einen Zirkel des Parteilehrjahres zu leiten. Das war einerseits ungewöhnlich, weil ich gerade erst den Antrag zur Aufnahme in die SED gestellt hatte, aber andererseits reizte es mich, denn ich hatte mehrmals mein Missfallen über den Ablauf dieser Veranstaltungen geäußert. Mir war es zuwider, dass mehrere Kollegen vorbereitete Beiträge mitbrachten, die sie meist aus dem ND („Neues Deutschland", dem Zentralorgan der SED) abgeschrieben hatten und keine eigene Meinung äußerten. Nun wollte ich es anders versuchen und nahm das Angebot gern an. Aus diesem Grunde hatte ich das Glück, an mehreren Veranstaltungen in Vorbereitung auf das Parteilehrjahr teilzunehmen, die ganz nach meinem Geschmack waren. Die erste wurde von einem, wie sich später herausstellte, geistig nicht sehr beweglichen Genossen der SED-Kreisleitung geleitet. Er glaubte, noch nach alter Manier vorgehen zu können und wir würden brav zuhören. So nach bewährtem Motto „Die Partei, die Partei, die hat immer Recht", wie es in einem Lied hieß. Diesmal hatte er sich aber geirrt. Er war gewillt, uns Passagen aus einem Brief von Egon Krenz vorzutragen, aber wir erklärten ihm, dass wir selber lesen könnten. Wir wollten lieber über anstehende Probleme diskutieren. Das wiederum überforderte ihn total. So verlief dieser Teil ganz anders als geplant. Sicher war er heilfroh, als ihn nach zwei Stunden ein anderer Genosse ablöste.

Wie mulmig es seinem Nachfolger ging, merkte ich sofort. Entgegen der sonstigen Gewohnheit suchte er schon im Vorfeld das Gespräch mit einzelnen Anwesenden. Als er mir in der Pause eine Tasse Kaffee anbot, dachte ich bei mir: „Oh, wie viel Angst musst du haben, dass du dich heute so volkstümlich gibst." Er berichtete mir von einem Pastor und dessen Aktivitäten, den er für besonders aggressiv hielt. Dabei ahnte er nicht, dass dieser „Scharfmacher"- wie er ihn bezeichnete - mich konfirmiert hatte und mir bekannt war als aufrechter Mensch. (Der Bruder dieses Geistlichen wurde übrigens nach der Wende Landtagspräsident in Mecklenburg/ Vorpommern.)

Dass die Angst berechtigt war, sollte sich bald zeigen.

Eine zweite Zusammenkunft der Agitatoren fand im Saal des Kulturhauses „Kurt Bürger" statt. Ein Vertreter der Bezirksleitung der SED erschien und machte Ausführungen zum „Neuen Forum". Er hatte erst einige Sätze gesagt, als im Raum ein deutliches „Bla, Bla" ertönte. Verunsichert schaute der Redner von seinem Manuskript auf und wollte einige Anmerkungen machen, aber dazu kam es nicht. Das Plenum forderte eine freimütige Aussprache. Ungeordnet wurden den Genossen im Präsidium Fragen gestellt, dabei erstreckte sich das Spektrum von politischen Tagesereignissen bis zu Auskünften über die Privatsphäre der dort anwesenden Parteifunktionäre. So musste der Erste Sekretär der Kreisleitung der SED die Frage beantworten, ob er das Haus einer Familie, die über Ungarn geflüchtet war, für sich nutzen wolle. Sein Stellvertreter wurde gefragt, weshalb er zwei AWG (Arbeiter Wohnungsbau Genossenschaft) -Wohnungen für sich beanspruche? Viele der Anwesenden machten ihrem Herzen Luft und drehten deshalb den Spieß einfach um. Jetzt waren es die Funktionäre, die Rede und Antwort stehen mussten. Immer wieder kam es dabei zu tumultartigen Szenen. Anwesende standen auf, riefen bei einzelnen Beiträgen dazwischen und luden den angestauten Ärger ab.

Während der Pause gab es für alle Delegierten Kaffee und belegte Brötchen. Für die Parteiprominenz war dazu eigens ein Tisch gedeckt, aber keiner wagte es, dort Platz zu nehmen. Alle suchten sie das Bad in der Menge und gaben sich im kleinen Kreis sehr moderat. Besonders die jüngeren Funktionäre bemühten sich, Verständnis für die aufgebrachte Stimmung zu zeigen (oder zu heucheln). Sicher glaubten sie, alles wieder in geordnete Bahnen bringen zu können, wenn sie sich mit an die Spitze der Volksbewegung stellten.

Bei der nächsten Veranstaltung dieser Art wurde dann der Rücktritt unbeliebter Funktionäre bekannt gegeben, was mit donnerndem Applaus bejubelt wurde.

Wenn ich nach solchen Ereignissen in die Schule zurückkehrte, warteten die Kollegen schon auf meine Berichterstattung. Mich erfasste diese Aufbruchstimmung und ich engagierte mich im

„Neuen Forum".

("Neues Forum" - am 10. September 1989 gegründete Bürgerinitiative zur Umgestaltung in der DDR)

Bald darauf begannen die Demos in unserer Stadt und es gab unzählige Diskussionsrunden, zunächst in den großen Kirchen, dann auch auf dem Platz im Stadtzentrum. Einige SED-Funktionäre und Mitglieder traten öffentlich bei den Veranstaltungen in den ihnen sonst sehr suspekten Kirchen auf und marschierten in den Demonstrationszügen mit. Sie schufen sich –wie sich später herausstellte - das Sprungbrett in die neue Zeit, indem sie ihre Beziehungen und Möglichkeiten nutzten, sich eine andere gesicherte Existenz aufzubauen. Ich verstand sehr schnell den nun geprägten Begriff des „Wendehalses". Ein eifriger Mitstreiter in der Gruppe des „Neuen Forums" unserer Stadt attackierte einige Mitglieder, weil sie sich nicht an den Veranstaltungen in der Kirche und bei den ersten Demos beteiligt hatten. Außerdem regte er sich immer wieder über die „Roten Socken" (SED-Funktionäre, Mitglieder und Informanten der Staatssicherheit) auf. Bald stellte sich dann zu unser aller Entsetzen heraus, dass gerade er als Informant (IM) enttarnt und aus dem Schuldienst entlassen wurde.

Auf dem „Platz der Arbeit" (dem heutigen Moltkeplatz) kamen Menschen unterschiedlichen Alters, mit sehr verschiedenen Berufen, unterschiedlicher Weltanschauung und mit den verschiedensten Erwartungen an die Veränderung zusammen. Viele artikulierten ihre eigenen Wünsche für die Zukunft. Tonbandmitschnitte legen Zeugnis davon ab. Aus heutiger Sicht kann man einige Vorstellungen fast belächeln, so naiv waren sie.

Der allgemeine Wille nach Veränderung trug zum Teil auch anarchistische Züge. Beispielsweise sahen einige Schüler die Chance, dem Unterricht zu entfliehen. Sie organisierten sogenannte

Schülerstreiks, zogen von Schule zu Schule und immer mehr Mitschüler schlossen sich ihnen an. Die völlig verunsicherten Lehrer ließen sie gewähren. Vereinzelt gab es Strafandrohungen, die aber angesichts der allgemeinen Unruhe verpufften.

Die Schüler sahen jetzt wie viele Werktätige die Möglichkeit, sich gegen Repressalien zu wehren. Einige Lehrer, die immer engstirnig versucht hatten, keine andere Meinung zuzulassen, bekamen große Schwierigkeiten. Diesen fiel es schwer, sich in der Diskussion mit den Schülern zu behaupten. Der Begriff „Demokratie" wurde oft so ausgelegt, dass man nun über Alles und Jedes diskutieren könne. Beispielsweise wurde ich durch Initiative von Eltern und Schülern in einer schwierigen Klasse als Klassenlehrerin eingesetzt. Die Schulleitung beugte sich dem Wunsch. Nach anfänglichem Schock nahm ich die neue Herausforderung an und heute erinnere ich mich gern an die Erlebnisse mit meinen Schülern in der Wendezeit. Aus uns wurde ein gutes Gespann. Die Ereignisse am 9.November 1989 führten dazu,

dass eine ganze Reihe Schüler mit ihren Eltern die Chance nutzten, den westlichen Teil Deutschlands zu erleben, Verwandte und Freunde zu besuchen. Die Euphorie kannte keine Grenzen. In den folgenden Tagen waren in den Klassen die Reihen ziemlich gelichtet. Es wurde fast nur noch über Erlebnisse berichtet und das aktuelle Tagesgeschehen diskutiert. Besonders leer war es an den Sonnabenden in den Klassenzimmern. Von Woche zu Woche entschied unsere vorgesetzte Behörde, die Abteilung Volksbildung beim Rat des Kreises, wie zu verfahren sei, bis schließlich der Sonnabend zum schulfreien Tag erklärt wurde.
Übrigens, schon bald erinnerte sich kaum jemand daran, seit wann diese Regelung bestand.

4.3 Der 9. November 1989

Dieses in der deutschen Geschichte mehrfach bedeutsame Datum verbindet sich bei mir mit unvergesslichen Erinnerungen.

Der 9. November 1989 war ein Donnerstag, der zunächst ganz normal verlief. Ich hatte bis 13 Uhr Unterricht und musste 14.30Uhr zu einer Beratung der Geschichtskollegen des Kreises Parchim in die damalige EOS (erweiterte Oberschule).

Gegen 16.30 Uhr kehrte ich nach Hause zurück, setzte mich unverzüglich an meinen Arbeitsplatz und fertigte meine Unterrichtsvorbereitungen für den folgenden Tag an. Anschließend kümmerte ich mich um das Abendessen meiner Tochter und machte mich auf die Schnelle für ein gemütliches Zusammensein mit meinen Kolleginnen und Kollegen zurecht.

Der Fachzirkel Geschichte hatte bei der letzten Auszeichnungsveranstaltung der Gewerkschaft eine Kollektivprämie von 200 Mark erhalten, die ich verwahrte und die nun bei einem zünftigen Abendessen verprasst werden sollte.

Wir trafen uns in einem gemütlichen Restaurant, dem „Gambrinus", speisten genüsslich und diskutierten danach bei einem Glas Wein über uns bewegende aktuelle Probleme. Dabei ging es heiß her. Wir alle spüren, dass sich die Lage in unserem Land dramatisch zuspitzte. Jeder von uns hegte Hoffnungen auf deutliche Veränderungen und wünschte sich einen friedlichen Verlauf.

Zu vorgerückter Stunde verabschiedeten wir uns. Ich begab mich auf schnellstem Wege nach Hause, schlich durch die Wohnung, um meine Tochter nicht zu wecken und fiel bald erschöpft in den Schlaf.

Am anderen Morgen hieß es wieder früh aus den Federn. Nach dem Frühstück brachte ich immer die Wohnung in Ordnung. Dabei lief das Radio. Aber die Geräusche des Staubsaugers übertönten die Nachrichten. Als ich etwas von „Grenzöffnung" hörte, glaubte ich, mich verhört zu haben. Das konnte nicht sein!

Eilig griff ich einige Minuten später meine Schultasche und ging zur Arbeit.

Kaum wurde ich von Schülern erspäht, kamen sie mir entgegen gelaufen, umringten mich und redeten aufgeregt durcheinander. Ich begriff im ersten

Moment nur, dass etwas Unvorhergesehenes passiert sein musste, offensichtlich waren die Grenzen zur Bundesrepublik und zu Westberlin tatsächlich geöffnet worden. In meinem Kopf wirbelten die Gedanken wild durcheinander, neben Freude mischten sich Angst und Sorge, ob das alles gut gehen würde. Ich hatte aber wenig Zeit, um meine Gedanken zu sortieren. Im Lehrerzimmer wurde ich ebenfalls von aufgebrachten Kollegen empfangen.

In den Klassenräumen zeigte sich ein ungewohntes Bild. Die Reihen hatten sich deutlich gelichtet. Viele Schülerinnen und Schüler hatten die Gunst der Stunde genutzt und waren mit ihren Eltern noch in der Nacht zu Verwandten und Bekannten in den anderen Teil Deutschlands gefahren.

Etwas Historisches war passiert, das ich wie die meisten DDR-Bürger nicht mehr für möglich gehalten hatte. Einfach Wahnsinn!

Die Euphorie kannte keine Grenzen. Die Schüler bestürmten mich regelrecht mit ihren Fragen. Mir bereitete es Freude, ganz offen mit ihnen zu diskutieren. Die Stunden vergingen wie im Flug. Die Unterrichtsvorbereitungen blieben getrost in der Tasche. An einem solchen Tag konnte man unmöglich einfach zur Tagesordnung übergehen.

So sehr ich mich über die Ereignisse freute, so konnte ich nicht fassen, wie ich als politisch interessierter Mensch eine solche Entwicklung buchstäblich „verschlafen" hatte.

In den folgenden Tagen überschlugen sich die Ereignisse. Ich bemühte mich um umfangreiche Information, betätigte mich im „Neuen Forum" und erlebte die unvergessliche Aufbruchstimmung hautnah.

4.4 Klassentreffen

Mir kommt es so vor, als hätten Klassentreffen in den letzten Jahren Hochkonjunktur.

Alljährlich flattern bei uns mehrere Einladungen ins Haus. Entweder handelt es sich dabei um

Zusammenkünfte mit unseren ehemaligen Schülern oder um ein Wiedersehen mit unseren Klassenkameraden. Anschließend setzt dann das große Kramen in vorhandenen Dokumenten und Fotos ein. Vieles wird wieder lebendig. Wahrscheinlich nimmt das Interesse an vergangenen Zeiten mit dem Alter zu. Als junger Mensch war man stark eingebunden in Familie und Beruf. Manches verlor man aus dem Blickfeld.

In Vorbereitung eines erneuten Treffens fiel mir auf, dass im Laufe der Jahre sich nicht nur die Teilnehmer verändert hatten, sondern auch die Gesprächsthemen.

Mein Lebensgefährte erzählt noch manchmal von seinem ersten Klassentreffen nach der Wende 1990, das in der Nähe von Hamburg stattfand. Kurioserweise hatte es ein Drittel seiner ehemaligen Mitschüler in den Westen verschlagen, das zweite Drittel lebte noch in der Heimat und das restliche Drittel erlebte dieses historische Treffen nicht mehr. Die Euphorie jener Tage übertrug sich auf alle

Anwesenden, die Wiedersehensfreude war übermächtig. Die westdeutschen Freunde übernahmen sämtliche Kosten, weil es den Ostdeutschen noch an D- Mark fehlte. Gemeinsam genossen sie die schönen Stunden.

Einige Jahre später kam es zu einem Treffen in Bad Saarow. Dieses Mal waren auch die Partner eingeladen. Während der Kaffeetafel stellte sich jeder noch einmal vor, schilderte kurz seine Lebenssituation. Als aufmerksame Beobachterin verfolgte ich diesen Part sehr genau. Zwei Frauen erregten meine Aufmerksamkeit. Sie trugen nicht nur den gleichen Vornamen wie ich, sie saßen sich auch noch gegenüber. Die eine war die Gastgeberin, mit ihrer herzlichen bescheidenen Art sofort sympathisch, die andere eine Dame, die dem gängigen Bild eincr TV- Werbung entsprach. Sie legte Fotos ihrer Familie auf den Tisch und hätte nur noch sagen müssen:„ Mein Haus, mein Auto, mein Boot!" Als Frau eines Apothekers lebte sie in gewissem Wohlstand. Von der anderen erfuhr ich, dass sie in gehobener Position im Verlagswesen tätig gewesen war und fünf Kinder groß gezogen hatte (einmal Drillinge). Welch eine Lebensleistung! Für sie war es selbstverständlich, ihre Schulfreunde zum Kaffee in ein Hotel einzuladen und die Kosten zu übernehmen.

Nach dem Abendessen, beim Gläschen Wein, kippte die Stimmung. Die Apothekerfrau und zwei Männer sprachen davon, wie man in der DDR gelebt habe. Das brachte das Fass zum Überlaufen! Viele betretene Gesichter! Mein Mann, erstaunlich zurückhaltend bis dahin, stellte ihnen dann die Frage: „Woher wollt ihr wissen, wie wir gelebt haben? Ihr habt doch das Land verlassen. Müssen wir uns nun vor euch für unser Hierbleiben rechtfertigen?" Dafür bekam er von vielen Beifall. Einige ruderten zurück.

Man verabschiedete sich schließlich in gedämpfter Stimmung.

In den Folgejahren glätteten sich die Wogen etwas. Wenn ich ein Treffen meiner Klassenkameraden organisiere, geht es jedes Mal fröhlich zu.

Wir sind alle im Osten geblieben, haben Höhen und Tiefen erlebt, sind im Vorruhestand oder beziehen Rente. Nur die wenigsten sind noch berufstätig. Bei uns spielen ganz andere Themen eine Rolle. Es geht um Familie, Urlaub, Hobbys und ganz oft hört man: „Weißt du noch?"

Alle Streiche leben wieder auf, unsere Lehrer müssen dran glauben.

Interessant ist, dass wir fast alle zwei Kinder haben, aber kaum Enkel. Wenn ich von vier Mäusen berichte, bin ich fast Gruppensieger. Wir bedauern die nicht sehr kinderfreundlichen Verhältnisse. Auch in unserer Runde zeigt sich der allgemeine Trend!

Meine ehemaligen Schüler plagen ganz andere Sorgen. Sie haben einiges von der Welt gesehen, mussten sich in unterschiedlichen Berufen versuchen, oft ganz neue Wege einschlagen, sind häufig umgezogen und bitter enttäuscht von unserem föderativen Schulsystem. Sie wünschen sich dann ihre Schulverhältnisse zurück. Selbst Frau Schavan stellte fest, dass das gegenwärtige Bildungssystem die Mobilität von Familien behindert.

Bleibt zu hoffen, dass sich bald etwas zum Besseren ändert!

Im vergangenem Jahr wurde ein Treffen aller Abgangsklassen eines Jahrgangs der gesamten Stadtschulen organisiert.

Ich hatte mich wegen einer Familienfeier entschuldigt. Einige Schüler bedrängten mich am Vortag, wenigstens für ein, zwei Stunden zu kommen. Das konnte ich unmöglich abschlagen und so erschien ich am Abend in der Stadthalle.

Schon am Eingang wurde ich von ihnen in Empfang genommen und zum Platz begleitet. Ich war überwältigt von der Freundlichkeit. Die Schüler waren etwas traurig, dass von allen Lehrern, die sie eingeladen hatten, lediglich zwei aufkreuzten. Außer mir begrüßten sie eine Lehrerin, die jetzt in Rostock lebt und extra zu diesem Treffen angereist war. Ich hatte das Gefühl, sie wollten mindestens eine Zeit lang mit ihren Lehrern in Erinnerungen schwelgen.

Viele Episoden wurden lebendig. Es gab schallendes Gelächter, wenn der eine oder andere von seinen Schandtaten hörte. Das gehört einfach dazu!

Die Zeit verging wie im Flug. Für mich gab es viele positive Überraschungen. Ich kehrte glücklich nach Hause zurück. Die vielen Eindrücke hallen noch lange nach. Ich freue mich aufs nächste Mal.

Ein weiteres Treffen erlebte ich am ersten Novemberwochenende. Es scheint sich als gute Tradition zu entwickeln, diese Zusammenkünfte mit dem weit über unsere Grenzen bekannten Martinimarkt zu verbinden. Drei Parallelklassen der Goethe - Schule fanden sich im „Steak - und Kartoffelhaus" ein, das einer der ehemaligen Schüler betreibt. Für mich ein Test, sich an die Namen der einzelnen Teilnehmer zu erinnern. Bei meinen ehemaligen Schülern klappte das problemlos, bei den anderen brauchte ich Hilfe.

Mir fiel dieses Mal auf, dass sich viele nach den Hintergründen bestimmter Entscheidungen während ihrer Schulzeit erkundigten. Ich wurde z. B. gefragt: Wie war es möglich, dass acht Schüler der Klasse das Abitur ablegen konnten? Weshalb wurde das Betragen vieler in der achten Klasse mit „Befriedigend" bewertet, sogar bei Mädchen? Warum brauchte ein Schüler nicht ins Wehrlager? usw.

Manches sahen meine ehemaligen Schüler nun aus einem anderen Blickwinkel, verstanden, warum es so gelaufen war.

Die Atmosphäre war locker, fröhlich, beinah familiär. Alle Anwesenden wünschten sich ein Wiedersehen.

Ich bin mir sicher, weitere Treffen werden folgen.

20 Jahre nach der Wende

4.5 Meine Begegnung mit Menschen aus dem Westen

Als am 9. November 1989 für alle unbegreiflich die Grenzen zur BRD geöffnet wurden, fuhren viele meiner Schüler mit ihren Eltern noch nachts los, um Verwandte und Bekannte zu besuchen. Am nächsten Morgen waren die Klassen dann gelichtet. Es gab kein anderes Thema als die Reisemöglichkeiten und ihre Folgen.

Mein Wissen über das Alltagsleben im Westen beschränkte sich auf Erzählungen von Freunden und Bekannten und vor allem auf das, was die Medien vermittelt hatten.

Da ich ein rationaler Mensch bin, machte ich mir daraus meinen Reim. Ein Schlaraffenland kam darin nicht vor. Ich bin überzeugt, jede Medaille hat zwei Seiten, absolut Gutes gibt es nicht, es gibt ein „ja, aber".

Deshalb war ich gespannt auf den Kontakt mit Menschen aus dem anderen Teil Deutschlands.

Bekanntlich formt die Umwelt den Menschen und diese unterschiedliche Umwelt hatte uns 40 Jahre geprägt.

Da ich keine familiären Bindungen in den Westen hatte und damals noch nicht Auto fahren konnte, fuhren meine Tochter und ich erst um die Weihnachtszeit mit Freunden nach Lübeck.

Das war natürlich aufregend! Die vollen Schaufenster, das gewaltige Angebot an Waren, besonders an Südfrüchten, begeisterte uns. Da sich unsere finanziellen Mittel auf das Begrüßungsgeld beschränkten, hielten wir uns beim Kauf zurück.

Mit einzelnen Personen kamen wir nicht ins Gespräch.

Meine Schüler hatten mich zu einer Westreise gedrängt und klatschten, als ich ihnen davon berichtete.

Im Frühjahr 1990 nahm unsere Schule Kontakt zu einer Schule in unserer neuen Partnerstadt

Neumünster auf. Diese Begegnungen verliefen herzlich. Zu einer Kollegin entwickelte sich ein engeres Verhältnis. Sie lud mich spontan zu sich ein. Gemeinsam mit meinem Sohn nahm ich die Gelegenheit wahr.

Wir erlebten eine Familie mit zwei Söhnen, die in einem Reihenhaus wohnte. Uns gefiel die offene, freundliche Atmosphäre. Alle gaben sich große Mühe, uns Einblicke in ihr Umfeld, ihre Heimatstadt und das Ostseebad Damp zu geben.

Schließlich verabredeten wir uns zu einem Gegenbesuch, der auch bald erfolgte. Jeder wollte mehr über das Leben im anderen Teil Deutschlands erfahren.

Die Gäste waren vor allem von dem selbst zubereiteten Essen begeistert. Sie ernährten sich offenbar häufig von Fertigprodukten.

Im Strudel der Ereignisse verloren wir uns nach und nach aus den Augen. Eigentlich schade!

1991 bewarb ich mich am neu gegründeten Gymnasium und wurde angenommen. Da es an qualifizierten Lehrern in den Fächern Englisch und Religion fehlte, wurden in der Folge einige Kollegen aus den Altbundesländern eingestellt. Das verursachte einige Unruhe, denn wir wollten wissen, ob sie für die gleiche Arbeit eine höhere Bezahlung erhielten, die sogenannte „ Buschzulage". Das erwies sich in unserem Beruf als unbegründet.

Die meisten „ Neuankömmlinge" fanden schnell Kontakt, obwohl viele Vorurteile auf beiden Seiten die Runde machten. Zwei Religionslehrer überstanden allerdings bereits die Probezeit nicht. Sie fanden keinen Draht zu den Schülern und äußerten sich in der Öffentlichkeit abfällig über uns und die Verhältnisse.

Andere Kollegen interessierten sich brennend für unser Leben in der DDR. Ich weiß noch, dass sie nicht begreifen konnten, dass man sein Konto nicht überziehen durfte, kein Auto auf Kredit zu haben war und dass Lehrer durch Fachberater und Schulleitung beraten und kontrolliert wurden. Sie waren es schließlich, die eine höhere Bezahlung für uns alle einforderten.

Wir erlebten, wie schwer es ihnen fiel, den Unterricht effektiv zu gestalten. Sie beherrschten zwar die Sprache, aber verfügten über geringe methodische Kenntnisse. So nach und nach stellte sich heraus, dass sie kaum Unterrichtspraxis besaßen. Sie waren u.a. Dolmetscher bei den britischen Truppen gewesen oder hatten an der Abendschule mit Erwachsenen gearbeitet. Bei einigen zeigten sich persönliche Probleme, bis hin zum Alkoholismus, den eine jüngere Kollegin mit dem Leben bezahlte.

Wir mussten feststellen, dass das keine Verstärkung war. Inzwischen unterrichtet keiner von ihnen mehr an unserer Schule.

Im Oktober 1999 erkrankte ich schwer und erlebte eine wahre Odyssee durch mehrere Krankenhäuser. Als sich im April 2000 keine Besserung einstellte, bat mein Lebenspartner den Direktor des hiesigen Krankenhauses erneut um Hilfe. Der schaffte es, mir eine Einweisung in die Uniklinik in Lübeck zu ermöglichen, in der es Spezialisten für mein Krankheitsbild gab.

Mit einem beklemmenden Gefühl betrat ich wenige Tage später den riesigen Komplex. Dort ging alles relativ schnell. So lag ich bereits bei der vormittäglichen Visite in meinem Bett in einem Zweibettzimmer. Als sich die Tür öffnete, trat eine ganze Gruppe Weißkittel ein. Ein Arzt mittleren Alters marschierte schnurstracks auf mich zu und glaubte, in mir eine ehemalige Patientin zu erkennen. Es war der Professor, der sich zwar irrte, aber einen außerordentlich Vertrauen erweckenden Eindruck machte. Immer, wenn wir uns später im Klinikum begegneten, fand er freundliche, aufmunternde Worte. Oh, das tat gut!

Neugierig wartete ich auf meine Mitpatientin. Nach dem Mittagessen wurde sie in ihrem Bett herein geschoben. Wir sahen einander an, stellten uns kurz vor und kamen sofort ins Gespräch. Meine Bettnachbarin stammte aus Lübeck. Ich bewunderte ihre tolle Frisur und sagte ihr das auch. Plötzlich sah sie zur Seite und antwortete leise:

„ Ich bin sehr froh, meine eigenen Haare wieder zu haben. Endlich konnte ich meinen ‚Skalp' ablegen." Mir war es peinlich, dieses Thema berührt zu haben. Ich entschuldigte mich, aber sie wehrte ab. Da wir unendlich viel Zeit gemeinsam verbrachten, redeten wir über uns und unsere Familien. Bei Besuchen lernten wir die jeweils anderen Angehörigen kennen. Es entstand eine nette, vertraute Atmosphäre. Frau B. und ihre Familie hatten bereits mehrfach die neuen Bundesländer besucht, kannten Boltenhagen und Umgebung, hatten aufgeschlossene Leute getroffen und interessante Gespräche geführt. Als ich von unserem Bungalow in Boltenhagen berichtete, stand fest, wir wollten uns später dort treffen.

Frau B. löcherte mich mit Fragen zu meinem Leben in der DDR. Ich gab ihr gern Auskunft. Dann sagte sie: „ Das müssen Sie aufschreiben, das muss bewahrt werden."

Diesen Rat befolgte ich. Leider konnte ich es ihr

nicht mehr mitteilen. Diese liebenswerte Frau, die mir zu einer Freundin geworden war, starb bald darauf.

Als ihr Mann mich darüber informierte, bewegte mich ihr früher Tod sehr.

Wir hatten doch viele gemeinsame Pläne gehabt.

Im Jahr darauf musste ich erneut die Uniklinik aufsuchen. Ich sollte das 17. Mal operiert werden. Ein Alptraum für mich!

In den ersten Tagen beherrschte mich die Angst vor dem neuen Eingriff. Ich nahm meine Umgebung nur undeutlich wahr. Am dritten Tag wurde ich gleich früh in den OP geschoben. Als ich am Nachmittag aus der Narkose erwachte, hörte ich meinen Namen, erfuhr, dass die OP sechs Stunden gedauert hatte und nun die Diskussion entbrannte, ob man mich auf die Intensivstation oder direkt ins Zimmer bringen sollte. Letztlich kam ich ins Zimmer zu einer weiteren Patientin. Später erfuhr ich, dass man sie gebeten hatte, auf mich aufzupassen. Immer, wenn ich etwas wacher wurde, vernahm ich eine freundliche Stimme: „ Hallo, ich bin Frau K." So richtig erkannte ich meine Bettnachbarin aber erst am nächsten Morgen.

Eine gut gelaunte Dame saß im Bett gegenüber und sprach mich an. Sie berichtete mir von ihrem Auftrag und machte dabei einen so vertrauten Eindruck, dass ich glücklich war, sie neben mir zu haben. Mir imponierten ihr selbstsicheres Auftreten, ihr Optimismus, ihre Einstellung zum Leben.

Obwohl wir nur eine relativ kurze Zeit, etwa eine Woche, mit einander verbrachten, entwickelte sich ein so herzliches Verhältnis, wie man es selten erlebt. Auch meine Angehörigen waren begeistert und staunten über ihre Ansichten. Meine Bettnachbarin war gut informiert über die Verhältnisse in der DDR, kannte unsere Künstler aus dem Fernsehen, erwies sich als begeisterte Leserin der Zeitschrift „ SUPER illu", kannte viele Facetten aus dem DDR-Alltag und urteilte sehr realistisch und objektiv.

(Übrigens, später abonnierte ich ebenfalls diese

Zeitschrift. Sie fungierte als Mittlerin zwischen uns.)

Als ich die Klinik verließ, wurde meine Freundin operiert. Ich bangte einige Tage um sie. Es konnte nicht sein, dass ich sie auch noch verlor. Nein, es kam anders!

Unsere Freundschaft bestand über viele Jahre. Gemeinsam haben wir manches erlebt.

Als mein Mann in der Lübecker Universitätsklinik am Herzen operiert wurde und anschließend zur Reha in die Klinik in Timmendorfer Strand kam, wohnte ich sechs Wochen bei meiner Freundin Renate. Von dort aus besuchten wir meinen Mann, bummelten durch die Stadt, kauften ein, gingen essen, besuchten das Theater, trafen uns mit Renates Bekannten und feierten ihren 70. Geburtstag.

Eine wunderschöne gemeinsame Zeit!

In dieser Phase lernte ich nun die verschiedensten Leute kennen. Längst nicht alle dachten wie Renate. Ich spürte bei einigen die Vorbehalte gegenüber uns ehemaligen DDR-Bürgern. Mein Reizthema bildete dabei die Kindererziehung. Die ablehnende Haltung gegenüber unserer Kinderbetreuung konnte ich so nicht teilen. Ich war trotz zweier Kinder immer berufstätig gewesen, verdiente mein eigenes Geld und konnte nach dem frühen Tod meines ersten Mannes gut für uns sorgen. Beide Kinder haben ein Hochschulstudium absolviert und stehen erfolgreich im Leben.

Für mich ist es undenkbar, wie oft gehört, dass der Mann der Frau Wirtschafts- und Taschengeld zuteilt. Eine solche Bevormundung habe ich zum Glück nicht erlebt, aber gerade diese „ Nur - Hausfrauen" maßten sich oft harte Urteile an.

Ich bin froh, dass der Trend dahin geht, mehr Kinderbetreuungsplätze, besonders in den alten Bundesländern, zu schaffen, weil die moderne Frau sich selbst verwirklichen möchte.

Meine Freundin war zwar selbst auch Hausfrau, lebte nach dem Tod ihres Mannes von dessen Pensionsansprüchen, aber stand dem Leben offen gegenüber, engagierte sich, war belesen, tolerant und couragiert. Sie ging bewundernswert mit ihrem Leiden um. Als sie 2012 starb, traf mich das sehr. Ich hatte noch am Vortag mit ihr telefoniert.

In all den Jahren unserer wunderbaren Freundschaft gab es viele gegenseitige Besuche und unzählige Telefonate. Sonntag 8.30Uhr – das war unser fester Termin. Zwischendurch klingelte das Telefon aber noch mehrmals in der Woche. Jeder, der etwas auf dem Herzen hatte, rief schnell durch. Welch ein Segen, dass das möglich war!

Natürlich gibt es in unserer Umgebung immer mal Leute, die die Vorurteile weiter pflegen. Ich denke, die werden in unserer Generation auch nicht völlig verschwinden, aber wir freuen uns, dass Deutschland vereint ist und im wahrsten Sinne „zusammen wächst, was zusammen gehört".

4.6 Examen an der Kaffeetafel

An einem schönen Frühsommertag 1990 kam ich durchgeschwitzt und schmutzig aus meinem Garten und freute mich auf ein ausgiebiges Bad. Da stand plötzlich eine meiner Schülerinnen vor der Tür. Sie hatte auf mich gewartet, um mich zu ihrer Konfirmation am nächsten Tag einzuladen. Ich war von dieser Einladung überrascht, aber wollte nicht absagen, denn ich verstand mich gut mit ihr und wusste, dass sie erst vor kurzem ihren Vater durch einen Arbeitsunfall verloren hatte.

In dieser schwierigen Situation war es für mich selbstverständlich, zum Kaffee zu erscheinen.

Am Sonntag machte ich mich zurecht, schwang mich auf mein Fahrrad und kreuzte zur Kaffeezeit auf. Die Mutter meiner Schülerin hatte bereits die Kaffeetafel im Wohnzimmer liebevoll gedeckt und wartete darauf, dass die Konfirmandin mit ihren Gästen von einem Verdauungsspaziergang zurückkehrte. Wenige Minuten später trudelte der

Trupp auch ein.

Nach einer kurzen Begrüßung nahmen dann alle an der Festtafel Platz. Ich saß umgeben von Leuten meines Alters, die mich sehr genau musterten. Während des Kaffees entspann sich eine zwanglose Unterhaltung, bis sich eine ältere Dame Gehör verschaffte. Ihr gepflegtes Äußeres war mir sofort aufgefallen. Sie trug eine hoch geschlossene weiße Bluse, die am Hals mit einer wertvollen Brosche geschlossen war. Auch die kunstvoll aufgesteckten weißen Haare und ihre grazile Haltung hoben sie von den übrigen Gästen ab. Diese Dame erklärte, dass sie die Patentante der Konfirmandin sei und sie hätte einen besonderen Spruch zu diesem feierlichen Anlass ausgewählt. Während sie ihn vortrug, war ich offenbar abgelenkt, sodass ich mich an den Inhalt nicht mehr erinnern konnte. Wahrscheinlich war ich damit beschäftigt, die einzelnen Gäste genau zu betrachten, denn ich hatte erfahren, es würden drei Lehrer aus dem Westen darunter sein, die ich herauszufinden versuchte. So bekam ich gerade noch mit, dass der zitierte Spruch von Helmut Graf von Moltke stammte. Dann blickte die vornehme Dame über ihre Goldbrille zu mir herüber und fragte mich, ob ich denn wüsste, wer das sei. Ohne zu zögern antwortete ich mit „ja". Dann begann eine regelrechte Befragung, an der sich nun auch die drei Lehrer mit großer Freude beteiligten. Mein Wissen sollte genau überprüft werden. Mit leichtem Schmunzeln stand ich Rede und Antwort. Sie konnten nicht wissen, dass in unserem Heimatmuseum gerade eine Moltke – Ausstellung zu besichtigen war, die ich als Geschichtslehrerin mit mehreren Klassen besuchte. Auf diese Weise hatte ich mein Wissen gründlich aufgefrischt und erweitert, sodass ich keine Antwort schuldig blieb. Trotzdem kam ich mir vor wie beim Examen und atmete auf, als die Kaffeetafel aufgehoben wurde und ich den Heimweg antrat.

Am nächsten Tag erfuhr ich von meiner Schülerin, dass ihre Verwandten den Wunsch hatten, eine

Lehrerin aus dem Osten kennenzulernen.
Ich entgegnete nur: „ Hab ich das Examen bestanden?" Sie lachte.

4.7 Klassenfahrt nach Rimini

Gleich nach der Wende war es der Wunsch vieler ehemaliger DDR-Bürger, einmal eine größere Reise in bisher unerreichbare Länder zu unternehmen. So ging es auch den Schülern einer 10.Klasse. Sie entschieden sich für eine Abschlussfahrt nach Italien. In das Urlaubsparadies Rimini sollte es gehen. Die Schüler baten mich, sie bei dieser Reise zu begleiten. Ich war mit ihrer Klassenlehrerin befreundet und kannte sie alle durch langjährigen Unterricht. Also willigte ich ein.
Das es eine so aufregende Aktion werden würde, ahnte ich nicht!
Gemeinsam mit der Parallelklasse traten wir am Abend die Fahrt mit dem Bus an. Wie schon häufig erlebt, befanden sich die Schüler in einer

Lachmöwen auf der Seebrücke von Prerow

Liebe Karin,   21.01.19

herzliche Grüße aus Paris –
Frau Mustermann hat ein Buch geschrieben. Ich
habe es gelesen und denke es ist ... Ich glaube
Sie war Deine Lehrerin, nicht wahr? Unsere Klasse
aufgeteilt wurde, Frau F. Klein hatte uns
Frau Bräh und dann hatte ich Herrn Brand.
Ja, lange her ...
Ich hoffe Du hast Deine Ferien gut organisiert
und freuest dich längst auf den Urlaub? Wie Hans
gerade zu bekommen.
Ich lese nochmals aktuelle Reiseartikel über
wer ich denke es ist Material für Dich.

Liebe Grüße an Euch Beide und alles Gute

erwartungsvollen, aufgekratzten Stimmung. Auch in der Nacht dachte keiner ans Schlafen, es wurde gelacht und gescherzt.

Als wir am Morgen den Brennerpass erreichten, zeigte sich allgemeine Müdigkeit. Meine Kollegin und ich genossen den Anblick der Berge. Begierig nahmen wir die für uns neue Umgebung wahr. Unsere Schüler hatte inzwischen der Schlaf übermannt. Selbst in den Pausen verließen die meisten nur widerwillig ihren Platz im Bus.

Gegen Abend erreichten wir unseren Zielort. Meine Beine waren geschwollen und ich war erschöpft. Ganz anders erging es den meisten Jugendlichen. Sie hatten ausgeschlafen und fühlten sich zu neuen Taten aufgelegt. Beim Abendessen kräftigten sie sich und schmiedeten Pläne für den weiteren Abend. Der Hotelier gab uns einige wichtige Informationen und bat uns, die Mädchen so spät nicht mehr allein auf die Straße zu lassen. Er berichtete uns von unliebsamen Vorkommnissen, die wir durchaus ernst nahmen. Ganz anders unsere Damen! Sie wollten etwas erleben und begriffen unsere Sorge nicht. Letztlich mussten wir zu drastischen Mitteln greifen und postierten uns am Ausgang des Hotels, um jedes unerlaubte Verlassen des Areals am Abend zu verhindern.

Eines Abends erschien plötzlich ein aufgeregter Polizist und gestikulierte wild. Wir erfuhren vom Hotelpersonal, dass einer der Jungen von einem Balkon zu einem der Mädchenzimmer klettern wollte. Gott sei dank konnte dieser Versuch vereitelt werden!

Nach den Strapazen der Anreise glaubten wir, dass alle Schüler in den Nächten fest schlafen würden, aber weit gefehlt! Obwohl alle Jugendlichen über das Alkoholverbot belehrt worden waren, setzten sich einige dreist darüber hinweg. Gegen Mitternacht fiel ihnen ein, den Fahrstuhl zu benutzen. Dabei versuchte einer der Insassen, während der Fahrt die Tür gewaltsam zu öffnen.

Beim Frühstück am anderen Morgen erfuhren wir von dem angerichteten Schaden und mussten 100

DM für die Reparatur zahlen.

Meine Kollegin und ich führten eine Aussprache mit den Jungen und erklärten ihnen, wenn sie nicht mit der Wahrheit herausrücken würden, müssten sie sich alle an den Reparaturkosten beteiligen. Wir gingen davon aus, dass sie den Schuldigen benennen würden. Das passierte etwas später auch.

Meine Kollegin ermahnte ihre Schüler erneut, keinen Alkohol zu trinken und ließ sich diese Anweisung von jedem quittieren.

Am nächsten Abend erfuhren wir dann so beiläufig, dass sich aus der Parallelklasse wieder einige Schüler drei Flaschen Wein im Hotel gekauft hatten. Wutentbrannt informierten wir den zuständigen Kollegen, aber als wir bemerkten, wie hilflos er reagierte, gingen wir selbst auf die Suche. Die meisten Schüler erwiesen sich als kooperativ, sodass wir relativ schnell den Wein auftrieben. Wir deponierten ihn im Zimmer der Busfahrer. Dort blieb er für die Schüler unerreichbar.

Nach schönen, erlebnisreichen Tagen in Rimini,

Ausflügen nach Venedig und Rom wollten wir die Heimreise antreten. Wir ordneten an, jeder solle innerhalb einer Stunde seine Sachen gepackt haben und die Zimmer in einem tadellosen Zustand verlassen. Bei der Kontrolle stellten wir entsetzt fest, dass zwei Mädchen fehlten.

Die Klassenlehrerin, eigentlich immer frohen Mutes und gelassen, wurde blass und war nicht mehr ansprechbar. Ich hatte sie noch nie so erlebt.

Die übrigen Schüler empörten sich, einige forderten: „ Lassen Sie die beiden doch hier!" In kleinen Trüppchen suchten wir die Umgebung ab. Ohne Erfolg!

Aufgeregt redeten alle durcheinander. Auch nach einer Stunde trafen die Vermissten nicht ein. Die Busfahrer hatten uns einen Abstecher zur Insel Mainau versprochen, aber nun lief die Zeit gegen unser Vorhaben!

Schließlich forderten wir die übrigen Schüler auf, ihr Gepäck zum Bus zu bringen. Der eine Busfahrer öffnete die Ladeklappe und stellte sich auf die rechte

Seite, um das Gepäck einzuordnen. Wir Lehrer warteten angespannt auf das Erscheinen der beiden Säumigen und überlegten, was wir noch tun könnten. In dieser Situation erdreistete sich doch ein Schüler der anderen Klasse, auf der linken Seite des Busses aus einem kleinen Körbchen einige kleine Schnapsfläschchen zu entwenden. Dabei wurde er von dem anderen Busfahrer beobachtet und anschließend zur Rede gestellt. Uns fehlten die Worte!

Der Übeltäter entpuppte sich außerdem auch als der Verursacher des Schadens an der Fahrstuhltür. Zu Hause hatte dieses Vergehen ein herbes Nachspiel!

Unsere Nerven wurden auf eine harte Probe gestellt! Fast zwei Stunden vergingen, bis endlich die beiden Ausreißer erschienen. Sie hatten sich nicht verlaufen, wie wir angenommen hatten. Mitschüler entdeckten sie eng umschlungen mit zwei Italienern, von denen sie sich nicht trennen konnten.

Nun wallte der Zorn besonders bei den Jungen auf. Am liebsten hätten sie ihre beiden Mitschülerinnen

verdroschen, wenn wir es nicht verhindert hätten.
Zur Strafe sollten sie im Bus keinen Sitzplatz erhalten. Schließlich standen sie neben mir im Gang. Bei jeder Kurve rutschten sie gegen meine Schulter. So entschloss ich mich, dem Treiben ein Ende zu setzen und ihnen einen Sitzplatz zu besorgen. Das bedurfte viel Überredungskunst!
In den folgenden Wochen hatten die beiden Mädchen für ihr egoistisches Verhalten zu büßen und mussten so manche Spitze ertragen.

4.8 Ostalgie

Nach der überschwänglichen Freude über die Einheit unseres Vaterlandes und die vielen neuen Möglichkeiten, setzte eine gewisse Phase der Ernüchterung ein. Die von Helmut Kohl versprochenen „ blühenden Landschaften" konnten nicht aus dem Hut gezaubert werden.
Während es Anfang der 90er Jahre im Osten aufwärts ging, sich für viele die Lebensverhältnisse

deutlich verbesserten, Dauerarbeitslosigkeit noch kein Thema war, war es leicht, die DDR zu vergessen, aber Mitte der 90er Jahre merkten die meisten, dass das Westniveau so schnell nicht zu erreichen war. Die Stimmung schlug um. Die Erinnerung lebte auf, vor allem an die sozialen Sicherungssysteme. Das man damals dafür mehr verbrauchte, als erwirtschaftet wurde, wollte keiner wissen.

Der Begriff **Ostalgie** machte die Runde. Der Kabarettist Uwe Steimle ließ sich 1992 das Wort patentieren, was ihm 1700 DM kostete.

Im Fernsehen wurden immer neue „ Ostalgie – Shows" ins Rennen geschickt.

Hans– Heinrich Tiedje (ehemaliger Chefredakteur der „ Bunte" und „ Bild") sagte damals: „ Wenn es vorbei ist, etwa nach einer Ehescheidung, vergisst man irgendwann die schrecklichen Dinge, die passiert sind und erinnert sich nur noch an die schönen Seiten. Stasi, Honecker, Mauer, klar, die gab´s. Aber das war ja nicht alles. Die DDR war ein schlechter Staat, in dem die meisten Menschen anständig gelebt haben."

Achim Menzel äußerte:" Wir Ostdeutschen sind wie Spreewaldgurken. Nach der Wende haben sie uns beinah vergessen. Dann wurden wir plötzlich wiederentdeckt. Heute sind wir Kult und stehen sogar bei der EU unter Schutz."

Ulrich Meyer (moderierte in Sat1 die „ Ost – Show") gab zu bedenken: „ Mit dem Alltag in der DDR haben wir arroganten Wessis uns nie befasst. Und der Ossi traute sich bislang nicht, diese Dinge an die Oberfläche zu bringen."

(SVZ 22.08.2003)

Mit der Zeit begannen aber viele, die neue Wirklichkeit kritischer zu sehen. Zwar wollte kaum jemand die alte DDR zurück, aber überhebliche Äußerungen mancher westlicher Zeitgenossen provozierten Widerstand, übrigens bis heute.

Eine innere Einheit haben wir auch fast 25 Jahre nach der Wende nicht erreicht. Ganz deutlich wird das an Löhnen, Renten usw.

Wir sind auf einem guten Weg, für viele ist er zu langsam, aber Stück für Stück kommen wir dem Ziel näher.

5. Wiedergewonnene Lebensfreude

Um die Jahrtausendwende kämpfte ich um mein Leben. Traurig musste ich meinen Beruf aufgeben. Es dauerte fast zwei Jahre, bis ich mich einigermaßen erholte.

Auf der einen Seite konnte ich glücklich sein, den Kampf gewonnen zu haben und auf der anderen Seite galt es jetzt, neue Wege zu gehen.

Da meine ehemaligen Kollegen inzwischen alle den Umgang mit dem Computer beherrschten, entschloss ich mich, an der Volkshochschule einen Kurs zu belegen.

Im Nachhinein bin ich froh, dass ich das gemacht habe. Was würde mir heute alles entgehen!

Nach und nach freundete ich mich mehr mit der Technik an. Noch heute freue ich mich über immer neue Möglichkeiten, die mir mein Laptop bietet.

Zunächst nutzte ich ihn vor allem als moderne Schreibmaschine. Ich schrieb alles auf, was ich gemeinsam mit meinen vier Enkeln erlebte, dazu kamen die Geburtstagsgedichte.

Dann setzte ich das Vorhaben um, meine Erlebnisse in der DDR- Zeit zu Papier zu bringen. Stichpunkte hatte ich mir schon vorher notiert. Außerdem kaufte ich eine umfangreiche Dokumentensammlung zum „Alltag in der DDR", um bestimmte Dinge genau zu recherchieren. Unser Gedächtnis ist nicht immer zuverlässig!

Später erfuhr ich, dass im Zusammenhang mit den Veranstaltungen „Parchim liest" die Stadtbibliothek ein Forum für Schreibende bot.

Seit einigen Jahren nehme ich an dieser Veranstaltung, die in der Regel am letzten Novemberwochenende stattfindet, teil. Dazu schrieb ich die folgenden Beiträge.

5.1 Ein Studium der besonderen Art

Die meisten Menschen machen im Laufe ihres Lebens mehr oder weniger Bekanntschaft mit den

Einrichtungen des Gesundheitswesens. So sind die Krankenhäuser „Einrichtungen zur Beobachtung und Behandlung von Kranken". Es ist gut, dass es sie gibt und jeder, der sie als Patient aufsuchen musste, sammelt so seine Erfahrungen.

Eine Patientin, nennen wir sie Christa, erhielt in einem Langzeitprojekt (mehr als ein Jahr) tiefe Einblicke in das breite Spektrum ärztlicher Fürsorge. Vom Kreiskrankenhaus bis zu Unikliniken konnte sie es studieren.

Der Beginn war wenig dramatisch. Es ging mehr um das Ergründen der Abgeschlagenheit und des Gewichtsverlustes. Routineuntersuchungen wurden durchgeführt und dazu gehörte auch eine Koloskopie, die Freitagmittag angesetzt wurde. Oh, Freitag nach eins, das weckte ungute Gefühle!

Leider erwiesen sich diese Befürchtungen als nicht ganz unbegründet.

Im Anschluss fühlte sich Christa miserabel, bekam Schüttelfrost und ihr war übel. Selbst der Besuch ihrer Kinder konnte sie nicht ablenken.

Die Schwestern informierten den diensthabenden Arzt und der erschien prompt. Zu Christas Erstaunen untersuchte er sie nicht, sondern hatte sie schon entsprechend ihrer Berufszugehörigkeit in die Kategorie derer eingeordnet, die alles besser wissen, aber wenig leidensfähig sind. So erzählte er ihr Witze und trieb seine Späßchen. Zur Beruhigung erhielt sie Schmerztropfen. Etwas sollte man schon tun!

Selbst die Feststellung: „Da muss doch etwas sein!" ließ ihn untätig.

Auch am nächsten Tag rührten ihn Christas Tränen nicht. Er schrieb lediglich in seine Akte: „Die Patientin ist, klagsam`. Übrigens dieses Wort ist seine Neuschöpfung. Der Duden weist es nicht aus.

Hilflos weinte Christa in ihre Kissen.

Der Nachtschwester kamen Bedenken. Sie informierte am Sonntagmorgen sofort den neuen Bereitschaftsarzt. Der erfasste blitzschnell den Ernst der Lage und kündigte wegen der Perforation des Darms eine Notoperation an.

Für Christa kam nun eine im wahrsten Sinne „finstere Zeit" – für sie unbemerkt, geschahen aufregende Dinge.

Auf einmal erfuhren die Angehörigen: „Nur ein Wunder kann die Patientin retten."

Viele moderne Geräte und Verfahren wurden angewendet. Ein Reißverschluss – wie praktisch - erleichterte das Öffnen und Schließen des Bauchraumes. Damit Christa nicht dazwischen fuschen konnte, wurde sie für 14 Tage in einen Tiefschlaf versetzt.

Immer wieder hört man, dass Leute , die ins Koma verfallen, ihr Leben noch einmal an sich vorüber ziehen lassen, aber Christa hatte dieses Glück nicht. Was hätte es auch gebracht! Fehler wären ohnehin nicht mehr korrigierbar gewesen.

Als sie erwachte, glaubte sie sich in einer Feuersbrunst zu befinden. Ihr Kopf glühte. Mit Erstaunen erkannte sie die Umrisse von Personen. Später stellte sich heraus, dass es sich dabei um zwei Ärzte und eine Schwester handelte, die das

Erwachen beobachteten. Für die Hitze gab es eine ganz einfache Erklärung. Christas Kopf lag lange Zeit in der Sonne. Die Schwestern hatten ihre „stumme Patientin" offenbar vergessen.

Man weiß nicht, ob „stumme Patienten" die liebsten sind.

Jedenfalls erlebte Christa, die an Armen und Beinen gelähmt war und durch den Tubus des Beatmungsgerätes eine Weile nicht sprechen konnte, die Umwelt auf ganz andere, sonderbare Weise.

Sie lauschte auf jedes Geräusch. Bald sagten ihr die morgendlichen Stimmen schon voraus, was sie zu erwarten hatte.

Da gab es Schwestern, die sich trotz der Schläuche durch Mund und Nase die Mühe machten, ihr die Zähne zu putzen und den Mund zu spülen. Welch eine Wonne! Einige kamen ganz von allein auf die Idee, die Bettdecke von Zeit zu Zeit zu wenden und mit einem Wattebausch die Mundhöhle zu erfrischen. Andere wiederum palaverten viel am

Krankenbett, aber setzten ihre klugen Ideen nicht in die Tat um. Sie hofften wohl auf die Selbstheilungskräfte im Körper.

Der Physiotherapeut wollte die Lähmung der Extremitäten in erster Linie mit frischer Luft und Gewalt bekämpfen.

Als erstes gab er seiner Patientin zwei kleine stachlige Gummibälle in die Hand, die sie zusammendrücken sollte. Damit er die missglückten Versuche nicht bemerkte, hängte er seinen Oberkörper aus dem Fenster und kommentierte das Geschehen auf der Straße.

Die Beine sind zum Gehen da, also muss man das trainieren. Christas Füße wurden in viel zu große Turnschuhe gezwängt. Die Schwestern prophezeiten, wenn man es nicht täte, entwickle sich ein Spitzfuß und ein normales Laufen würde unmöglich. Nach der Tortur versuchten Physiotherapeut und Arzt oder Schwester die Lahme hinzustellen und schleiften sie regelrecht durch das Krankenzimmer. Das muss ein Bild gewesen sein!

Erfolge stellten sich allerdings nicht ein.

Seltsamerweise erwachte auch der Verdauungstrakt nicht aus dem Tiefschlaf. Nun setzte man auf bewährte Hausmittel – Bier und hochprozentigen Alkohol- aber ebenfalls vergebens.

Ausweg war die Verlegung in eine Uniklinik. Der begleitende Arzt stellte dort mit Ernüchterung fest: „Es sieht ja noch aus wie vor 30 Jahren, als ich hier Assistenzarzt war." Der erste Eindruck sollte sich leider bestätigen.

Die Intensivmedizin bot großes Können auf und Fortschritte zeichneten sich ab.

Kurz vor Weihnachten kam dann die Ernüchterung, die Verlegung auf eine Normalstation. Ein Sechsmannzimmer, ein Waschbecken, Toilette über den Flur. Christa erschütterte das zunächst wenig. Sie konnte sich ohnehin nicht bewegen. Platt wie eine Flunder lag sie auf dem Rücken. Ohne fremde Hilfe war jede Lageveränderung undenkbar. Aber etwas Modernes hatte die neue Unterkunft doch – einen Fernseher. Dieser prangte an der Wand, genau gegenüber Christas Bett.

In dem Mehrbettzimmer bot sich die Gelegenheit, seine Mitmenschen intensiv zu beobachten. Ach, das wurde eine aufregende Studie!

Die eine Bettnachbarin, eine Frau von etwa 40 Jahren, mit wenig Zähnen, aber großem Mund, hatte sich die Fernbedienung zu eigen gemacht und schaltete und waltete damit nach Belieben. Sie wollte offensichtlich für ihr Geld – man zahlte eine Benutzungsgebühr - ausgiebig informiert werden. Früh um 7Uhr bis abends 23 Uhr frönte sie ihrem Vergnügen. Selbst wenn sie ihre geliebten Groschenromane las, brauchte sie das Geflimmer. Nur während der Visite und in der Mittagsruhe ersparte sie das ihren Zimmernachbarn.

Oh, Gott, was gab es im Fernsehen alles zu sehen! Talkshows mit den merkwürdigsten Teilnehmern lösten sich ab. Nirgends hätte Christa ihr Wissen um die Fernsehunterhaltung so aufpolieren können wie hier.

Die zaghafte Bitte, doch gelegentlich auf diesen

Kunstgenuss zu verzichten, wurde mit Empörung zurückgewiesen.

Christa musste begreifen, hier galt das Recht des Stärksten und Dreistesten. Dass diese Person „schlicht gestrickt war", blieb ein Pech. Abhilfe konnte man vielleicht von den Schwestern erwarten, aber weit gefehlt. Gleich die erste stellte fest: „Wenn man das nicht sehen will, schließt man die Augen und hört nicht hin." Irgendwie funktionierte das aber nicht. So beschloss Christa für die nächste Zeit „stumm" zu bleiben. Obwohl sonst recht geschwätzig, entwickelte sie eine Zeichensprache. Durch Kopfnicken zeigte sie ihre Zustimmung und Kopfschütteln bedeutete Ablehnung. Diese Haltung missfiel dem Pflegepersonal. Wiederholt stellte es die Frage: „Können Sie auch sprechen?" Worauf ein kurzes Nicken kam.

Wer überwiegend schweigt, nimmt mehr Informationen auf. So verfolgte Christa schon mit Interesse den abendlichen Disput zwischen einer älteren Dame und der Nachtschwester. Immer wieder ging es um die Einnahme einer bestimmten Tablette. Die Schwester sträubte sich, das Medikament so zu verabreichen, wie der Professor es bei der Visite angeordnet hatte. Der zunächst leise Protest bewirkte nichts. Eines Abends wurde es der Dame zu viel. Mit lauter, fester Stimme verbat sie sich den Ton, den die Nachtschwester anschlug, und forderte sie energisch auf, sich schnellstens sachkundig zu machen.

Der kurze, zackige Schlagabtausch wirkte Wunder. Freundlich, fast liebenswürdig begegnete uns in den folgenden Tagen diese Krankenschwester. Wir alle profitierten von dem „Gewitter", das offensichtlich die Luft gereinigt hatte.

Geld ist heute ein besonderes Zauberwort. Den Ausspruch „Wenn du arm bist, stirbst du früher" erkennt man allgemein an.

Christa empfand ihre Situation zunehmend bedrückender und sehnte die Verlegung in eine andere Klinik herbei. Sie begründete ihren Wunsch damit, ihren Angehörigen wieder näher sein zu können. Dieses Begehren fand Gehör und Zustimmung, aber nun ging es ums liebe Geld. „Wenn die Kasse zustimmt, ist es kein Problem." lautete die Antwort. Christas` Mann setzte alle Hebel in Bewegung. Er suchte persönlich den Chef des neuen Krankenhauses auf, sprach mit der Chefin der Krankenkasse und nutzte alle seine Vitamin B.

Als die Bezahlung geklärt war, ging alles blitzschnell. Morgens bei der Visite konnte der Stationsarzt noch kein grünes Licht geben, aber kurze Zeit darauf, als das Fax eintraf, wurde sofort ein Krankenwagen alarmiert. In Windeseile packte eine Schwester die Utensilien in die Reisetasche. Christa wurde mit Turnschuhen und Bademantel auf eine Trage gelegt und auf die Reise geschickt.

Als sie ins Innere der neuen Klinik getragen wurde, eröffnete sich für sie eine neue Welt. Die moderne Eingangshalle war sonnendurchflutet und behaglich eingerichtet. Neues Lebensgefühl durchströmte ihren Körper, aber dieser Glücksmoment sollte nicht von langer Dauer sein. Eine Schwester brachte einen Rollstuhl heran und tönte: „So, nun geht es auf Reisen. Hier sollen Sie sich wieder selbst behelfen!" Welch ein Schock! Christa begriff, was sie lange verdrängt hatte: „Du bist behindert!"

Mit dem Fahrstuhl ging es nach oben in ein Zimmer am Ende des Ganges. Die persönlichen Sachen wurden eingeordnet und im Schnellverfahren gab es Anweisungen. Nun schien der Himmel einzustürzen. Sie konnte weder aufstehen, geschweige einen Schritt alleine gehen. Wie sollte sie zurecht kommen?

Am nächsten Tag sah die Welt schon anders aus. Bot doch der Rollstuhl immerhin die Möglichkeit, den Raum zu verlassen und irgendwie ein bisschen am normalen Leben teilzunehmen. Vorm Frühstück setzte man sie in ihr neues Gefährt, mit dem sie sich in den Essenraum begeben sollte. Abgemagert und kraftlos versuchte sie mühevoll, die Räder mit den Händen zu bewegen. Das war Schwerstarbeit! Kaum einen Bissen bekam sie herunter. Fortwährend dachte sie: „Wie kommst du zurück?"

Wochenlang das gleiche Spiel. Wie freute sie sich, wenn sie jemand, meist ein Pfleger oder eine Reinigungskraft, ins Zimmer zurück schob.

Ihre Angehörigen schleppten Massen an Kaffee und selbstgebackenem Kuchen an, damit dem Personal nicht die Freude an der Arbeit ausging.

Christa stellte bald frappierende Unterschiede im Gedächtnis von Männern und Frauen fest. Das zeigte sich besonders bei der Versorgung mit Tee. Bei den meisten Frauen blieb oft sogar zaghaftes Erinnern erfolglos, während Männer nur einen kurzen Blick auf den Nachtschrank warfen und feststellten: „Ich bringe Ihnen Tee." Das war dann kein leeres Versprechen. Scheinbar unterscheiden sich die Gehirnwindungen oder spielt das Verhalten gegenüber dem anderen Geschlecht die entscheidende Rolle?

Am Nachmittag ersetzten die Angehörigen, vor allem Christas Mann und ihre Schwester, den Pflegedienst. Sie erwarben das Privileg, in der

Teeküche nach Belieben zu walten. Auch das Küchenpersonal ließ ihnen freie Hand.

In der Früh-Reha befanden sich zum größten Teil Schlaganfallpatienten. Nach Aussage der Schwestern stand denen der höchste Verpflegungssatz zu, aber da sie sich kaum artikulieren konnten, spielten sich kuriose Dinge ab. Christa brauchte nur den Deckel von ihrer Essenportion zu lüften, schon setzte der Brechreiz ein. Blitzschnell retteten dann die Schwestern das Menü. Wenn man sah, wie Leberwurstbrote in Milchsuppe gemanscht wurden, verging weiteren Mitpatienten der Appetit.

Alle Anwesenden erhielten zu den Mahlzeiten ein großes Lätzchen umgebunden und ließen es mit sich geschehen. Eines Tages packte Christa die Wut. In scharfem Ton forderte sie: „Legen Sie das weg! Ich bin in der Lage zivilisiert zu essen, aber in diesem Umfeld fällt es mir schwer." Ohne Widerworte wurde der Wunsch respektiert. Am Nachmittag setzte sich eine nette Schwester an ihr Bett und schlug ihr vor, doch unten im großen Essensaal die Mahlzeiten einzunehmen. Dort, wo die weniger Kranken und Kurgäste tafelten, tat sich eine ganz andere Welt auf. Eine beachtliche Auswahl von Speisen stand zur Auswahl. Der Luxus pur! Diesen Patienten wurde ein abwechslungsreicher Aufenthalt ermöglicht, Ausflüge, Tanz, Vorträge u.ä. Obwohl der Genuss von Alkohol verboten war, übersah man tunlichst die leeren Weinflaschen und Gläser am anderen Morgen. Die Schnapsflaschen befanden sich bereits zum Auslüften in den Papierkörben vor der Klinik.

Jeder Patient, der liebe Angehörige hat, kann sich glücklich schätzen. Ihm wird es nicht so ergehen wie einem älteren Herren, der Tag für Tag an seinen Tropf gefesselt, vor dem Schwesternzimmer sitzen musste. Ob er dort wachen sollte oder ob es um kurze Wege ging, war nicht klar. Jedenfalls wurde dieser Herr bald zum Erkennungszeichen der Station. Selbst die Mitpatienten und Besucher forderten ihn zum Hinsetzen auf, wenn er gelegentlich aufstand.

So ein langer Klinikaufenthalt kann wissenschaftliche Studien bezüglich des Wechselspiels zwischen Patienten und medizinisches Personal ersetzen.

Dass es eine Hierarchie in Krankenhäusern gibt, ist allerseits bekannt, aber wie sie sich auswirken kann, treibt manchmal seltsame Blüten.

Christa musste mal wieder mit akuten Beschwerden an einem Freitag ins Klinikum. (Übrigens scheint der Kranke besonders auf das nahende Wochenende fixiert zu sein!) Einige Stunden verbrachte sie auf einer Trage, bis so gegen Mittag hektische Betriebsamkeit einsetzte. Ein Arzt untersuchte sie, ließ einen Zugang legen und kündigte für den nächsten Tag eine erneute OP an.

Minuten später befand sich Christa auf dem Flur einer Station, in Gesellschaft mit z.T. frisch Operierten. Die Nacht über brannte gedämpftes Licht, damit die Schwestern ihren Dienst versehen konnten. Erstmals fing Christa die aufschlussreichen

Kommentare <u>vor</u> den Türen der Patienten ein. Welch ein Glück, dass man das im Normalfall nicht hört!

An Schlafen war nicht zu denken. So bildete das rege Treiben am Morgen eine willkommene Abwechslung. Mit Erstaunen stellten alle fest: Der Professor kommt zur Visite. Er hatte Christa mehrmals unter dem Messer und im Laufe der Zeit wurden sie gute Bekannte. Als er sie erblickte, ging er auf sie zu fragte: „Was machen Sie schon wieder hier?" –„Ich soll heute operiert werden," antwortete sie kläglich. „Ach, Quatsch, Sie müssen erst essen und trinken, dass Sie groß und stark werden. Sie können nach Hause." Nun verstand Christa gar nichts mehr. Zaghaft fragte sie: „Wann?" – „Heute, wenn die Schwestern Ihnen ein ordentliches Frühstück serviert haben. Ich wünsche guten Appetit." Er drückte seiner verduzten Patientin noch die Hand und marschierte weiter.

Die OP wurde für längere Zeit verschoben, aber Christa kam nicht drum herum. Als sie Tage nach dem erfolgten Eingriff erfuhr, sie dürfe wieder etwas essen, konnte sie es kaum erwarten. Zwieback und der verhasste Kamillentee erschienen ihr als etwas Köstliches. Aber die Ärztin empfahl Schwarzbrot mit Butter. Das kam ihr seltsam vor, aber Christa hatte gelernt, dass Widerrede in dieser Branche nicht erwünscht ist. Also nahm sie ihr Frühstück zu sich, obwohl sie ahnte, was passieren würde. Das Malheur ließ nicht lange auf sich warten.

Ein anderes Mal empfahl ein junger Arzt ein Stück Sahnetorte als erste Mahlzeit. Christa wusste nicht, ob sie das als bare Münze nehmen sollte. Sicherheitshalber fragte sie bei einer Schwester nach.

Die baute sich vor ihr auf mit den Worten: „Ich bin seit 35 Jahren Schwester. Nach einer Bauch-OP würde ich heute auf gar keinen Fall etwas essen."

Christas Gelüste waren schlagartig gestillt. Sie begriff, in diesen Einrichtungen sollte man doch etwas selber denken und sich zumindest auf verschiedenen Ebenen vergewissern, ob Anordnungen so gemeint sind, wie sie getroffen wurden.

Ausgerüstet mit zahlreichen neuen, oft lebenswichtigen Erfahrungen und Erkenntnissen kehrte Christa nach Hause zurück.

Hoffentlich ist sie im Fall des Falles noch in der Lage, ihr gesammeltes Wissen für sich zu nutzen!

5.2 Ein Kavalier in Nöten

Einen unternehmungslustigen Herren, Thüringer, im Herzen auch immer geblieben, zog es vor vielen Jahren in den Norden. Jahrzehntelang verbrachte er die Sommer mit seiner Frau auf der Datsche, um der Natur und seinem Lieblingselement, dem Wasser, nahe zu sein. Als Rentner im fortgeschrittenen Alter zählt er sich noch längst nicht zum alten Eisen. Er entdeckte den PC für sich und das Versenden von SMS gehört zu seinem Alltag. Seine zweite große Leidenschaft ist das Autofahren. Besuchte er doch mit seiner Frau viele schöne Fleckchen unserer Heimat, reiste aber auch mit Bus, Bahn, Flugzeug

und Schiff - also ein Experte in Bezug auf Reisen.
Wie wurde nun ausgerechnet dieser Mann zum Schwarzfahrer und geriet in eine heikle Lage?
Nach dem Tod seiner Frau fühlte er sich einsam. Die Tochter machte sich Sorgen. Der Vater beharrte auf seine gewohnte Umgebung, aber dort erinnerte ihn alles an die vergangenen glücklichen Jahre. Was konnte man tun?
Zunächst versuchten Nachbarn, Freunde und Bekannte ihn abzulenken, ihm eine kleine Freude zu bereiten, aber es fehlte eine wirkliche Aufgabe. Schließlich überließen die Kinder ihm ihren weißen Westi, Bonny. Das erwies sich als Glücksfall. Der kleine Vierbeiner forderte sein Recht, da musste man mehrmals am Tag Gassi gehen, bei jedem Wetter. Das kleine weiße Knäuel wurde zum treuen Gefährten, beide bildeten ein unzertrennliches Team. Selbst im Auto hatte Bonny seinen Stammplatz. Da beide Autotouren genossen, stand der Flitzer selten still.
Als eine Nachbarin wieder einmal ihre Tochter in

Hamburg besuchen wollte, brauchte sie eine Fahrgelegenheit nach Schwerin zum Bahnhof. Für unseren Kurt selbstverständlich, diese Aufgabe zu übernehmen.

Rechtzeitig stand sein kleiner roter Polo bereit, das Gepäck wurde verstaut und sein kleiner Liebling nahm sofort seinen angestammten Platz ein. Die Strecke beherrschte Kurt wie im Schlaf. Unzählige Male war er sie gefahren, zur Arbeit und zu seinem Sommerhäuschen. Bei dem schönen Wetter öffnete er das Schiebedach seines Wagens und genoss die Spritztour.

Ganz in der Nähe des Eingangs zum Hauptbahnhof parkte er, denn sowohl er als auch seine Begleiterin waren nicht mehr so gut zu Fuß und schließlich musste das Gepäck zum Bahnsteig transportiert werden. Für Kurt war es selbstverständlich, sich als Kavalier alter Schule zu erweisen und die Reisetasche zu tragen.

Als nach einigen Minuten der Zug einfuhr, bot er sich an, die schwere Tasche ins Abteil zu bringen.

Langsam fanden beide einen Sitzplatz, Kurt hievte das Gepäck ins Netz und wollte sich von seiner Nachbarin verabschieden, aber was war das? Das konnte nicht wahr sein! Der Zug fuhr ja bereits. Kurt hatte kein Abfahrtssignal gehört, lautlos hatte sich der ICE in Bewegung gesetzt und schnell Fahrt aufgenommen. Häuser, Bäume, Felder flogen am Fenster vorbei.

Kurt war fassungslos. Zitternd, sprachlos stand er da. „Oh, was mache ich bloß? Wo hält der Zug?", entfuhr es ihm. Ein junger Mann antwortete: „ In Hamburg, Hauptbahnhof!" „ Das kann nicht wahr sein!" Plötzlich wich alle Farbe aus seinem Gesicht, ihm wurde jetzt noch bewusst, dass seine Tasche mit den Papieren und dem Geld im Auto lag. Nicht einmal das Handy hatte er dabei. Das war zu viel! Kurt schnappte nach Luft, wurde abwechselnd rot und blass, ließ sich auf einen Sitzplatz fallen.

Mitreisende, die das ganze Schauspiel beobachtet hatten, standen auf, fragten, wie sie helfen könnten. Kurt brachte kaum ein Wort heraus. Seine

Nachbarin war ebenfalls geschockt.

Ein Herr mittleren Alters versuchte zu beruhigen:„ Atmen Sie erst mal tief durch, trinken Sie ein Schlückchen. Hier ist etwas Wasser! Ich suche den Schaffner, der wird weiter wissen." Dann verschwand er eilig.

Plötzlich durchfuhr Kurt ein weiterer Schreck. „ Oh Gott, mein Hund ist im Auto und das bei der Hitze!" „ Können Sie nicht jemanden anrufen?", erkundigte sich eine Frau. „ Wie denn, mein Handy liegt im Handschuhfach!" Ein junger Mann zog seins aus der Tasche und reichte es rüber. Kurt war so verdattert, dass ihm auf Anhieb nicht mal mehr die Nummer seiner Tochter einfiel. Entschuldigend stammelte er:„ Bei mir ist sie eingespeichert!" Mit zitternden Händen tippte er schließlich die Zahlen ein. Banges Warten. „ Werden die Kinder zu Hause sein?" Sekunden werden zur Ewigkeit. Der Ruf geht durch. Endlich die erlösende Stimme. Aufgeregt, etwas konfus, berichtet Kurt von seiner misslichen Lage. Die Kinder verstehen lediglich, Vater sitzt unfreiwillig im Zug nach Hamburg und Bonny schmort im Auto vorm Schweriner Hauptbahnhof.

Da galt es nicht mehr lange zu überlegen, Auto raus, ab nach Schwerin, immerhin 50km. Uns muss was einfallen!

Inzwischen ist der Schaffner bei Kurt eingetroffen. Ohne Worte sieht er, der Mann braucht Hilfe.,, Machen Sie sich keine Sorgen, Sie müssen zwar bis Hamburg fahren, aber von dort fährt wenige Minuten später ein Zug zurück. Sie kommen also wieder nach Hause." ,, Aber, aber, ich kenne mich dort nicht aus, so schnell finde ich den Zug nicht und vor allem, ich habe kein Geld dabei." „Das regle ich schon. Sie werden von uns persönlich in den Zug begleitet. Über Geld sprechen wir jetzt nicht! Alles wird gut!"

„Ja, das ist aber nett, vielen vielen Dank, ich werde es wieder gut machen!" Kurt fiel ein Stein vom Herzen, aber sein Hund schwebte noch in Gefahr. ,, Wie konnte ich Bonny auch allein zurück lassen, aber Hund und Gepäck hätte ich nicht bewältigt!

Was sollen die Kinder in Schwerin ausrichten. Das Auto ist doch abgeschlossen." Wild schossen die Gedanken durcheinander.

Alle gut gemeinten Ratschläge und mitfühlenden Worte vermochten Kurt nicht zu beruhigen. Was, wenn sein kleiner Freund die Hitze nicht überstand? Nicht auszudenken! Ich bin auch noch schuld! Schlimme Stunden!

Die Kinder erreichten inzwischen den Bahnhofsvorplatz in Schwerin, sichteten schon von weitem das rote Auto und marschierten eiligen Schritts darauf zu. Bonny erkannte seine Leute, bellte aufgeregt. Die Tochter mühte sich, den kleinen Liebling durch das geöffnete Schiebedach zu befreien, während der Schwiegersohn, technisch versiert, mittels einer Drahtschlinge die Fahrertür öffnen wollte. Erste Versuche scheiterten, aber schließlich, wie ein Wunder, gelang es. Der Hund wurde mit Wasser, Leckerli und Streicheleinheiten beruhigt.

Nun galt es nur noch auf das Herrchen zu warten.

Nachdem sich die erste Aufregung gelegt hatte, wunderten sich die beiden „Einbrecher", dass niemand von den Vorübergehenden gefragt hatte, was sie dort treiben. Merkwürdig!

Als später der Vater wohlbehalten aus dem Zug stieg, war die Welt scheinbar in Ordnung. In den eigenen vier Wänden versuchte Kurt, Abstand zu den sich überschlagenden Ereignissen zu gewinnen. Er war überwältigt von der großen Hilfsbereitschaft und Anteilnahme. Von der Bahn erhielt er nicht mal eine Rechnung für seine Schwarzfahrt. Für diese Großzügigkeit und selbstlose Hilfe musste er sich bedanken, aber wie, hatte er sich doch in der Aufregung keine Namen gemerkt.

Schließlich fiel ihm ein, sich an den Heimatsender zu wenden, um öffentlich danke zu sagen. Das hörten natürlich viele andere und so wurde sein Abenteuer bekannt.

Als Kurt wenige Tage später seinen 85. Geburtstag feierte, musste er sich allerhand anhören. Ein Freund empfahl: „Wenn du das nächste Mal auf die

Reeperbahn willst, steck dir wenigstens Geld ein!" Ja, wer den Schaden hat… Jetzt konnte auch Kurt darüber lachen.

Das Leben schreibt manchmal schöne Geschichten.

5.3 Wie realistisch ist mein Spiegelbild?

Das Leben ist wie ein Spiegel, auf den du zugehst. Je weiter du läufst, desto näher kommst du dir. Und mit jedem Jahr, das du hinter dir lässt, erkennst du ein wenig mehr von dem, was du wirklich bist.

Reinhard Staupe

Seit einiger Zeit treibt mich die Frage um: wie realistisch ist der tägliche Blick in den Spiegel. Mir fällt schon auf, ob ich ausgeruht und glücklich aussehe, mit Frisur und Kleidung zufrieden sein kann oder ob ich zerknittert, voller Sorgenfalten oder sogar von Krankheit gezeichnet bin. Aber was gibt mein Spiegelbild wieder? Es ist eine

Momentaufnahme. Es fehlt der Vergleich mit vorherigen Bildern. Wie war es vor einem Jahr, vor ein, zwei Jahrzehnten oder mehr. Natürlich bemerke ich, ob die Haare etwas grauer geworden sind und ob sich neue Falten zeigen, ältere sich vertieft haben, aber die Übergänge erfolgen meist nicht abrupt, sie vollziehen sich schleichend, fast unbemerkt. Außerdem stelle ich mir ernsthaft die Frage, wie wichtig sind mir all diese Äußerlichkeiten, was sagen sie über mich als Person aus.

Manchmal bedarf es eines besonderen Anlasses, um sich intensiver damit auseinanderzusetzen. Der ergab sich für mich im Sommer mit dem überraschenden Anruf einer Bekannten. Sie teilte mir mit, dass sie der neuen Pastorin behilflich sei, die diesjährige Goldene Konfirmation vorzubereiten. Dazu versuchte sie, die Adressen ehemaliger Konfirmanden ausfindig zu machen. Kein leichtes Unterfangen! Ich konnte leider nur wenig behilflich sein. Die meisten hatte ich völlig aus dem Auge verloren. Die Anruferin betonte ausdrücklich, auch wenn ich nicht mehr Mitglied der Kirche sei, sei ich trotzdem willkommen. Eine schriftliche Einladung mit dem genauen Ablauf der Veranstaltung würde mir noch zugehen. Einige Wochen später flatterte diese mir auch ins Haus. Ich überlegte, soll ich daran überhaupt teilnehmen oder nicht? Für die detaillierte Planung der Organisatoren war eine rechtzeitige Entscheidung wichtig. Ich sagte schließlich zu und überwies den geforderten Obolus.

Je näher das Ereignis kam, umso mulmiger wurde mir. Wer wird überhaupt erscheinen? Werde ich die Mitkonfirmanden wiedererkennen? Wird man sich an mich erinnern? Gibt es noch Gemeinsamkeiten? Mir fiel ein, dass ich später konfirmiert wurde als die meisten, genau wie eine weitere Mitschülerin. Wir hatten an der Jugendweihe teilgenommen. Wurden wir im Herbst des gleichen Jahres oder ein Jahr später eingesegnet? (Diese Frage konnten wir übrigens auch beim Treffen nicht eindeutig klären.) Der entscheidende Tag rückte schnell näher. Ich nahm mir Zeit bei der Anreise. Vieles auf dem einst so vertrauten Weg kam mir seltsam vor, irgendwie fremd. Ich ließ meine Gedanken schweifen.

Langsam fuhr ich an die Kirche heran und suchte mir einen Parkplatz gegenüber dem Pfarrhaus. Dort erblickte ich einen Mann, der scheinbar aufgeregt hin und her ging. Ich dachte, der gehört zu uns. Plötzlich parkten hinter mir weitere Autos und auf der anderen Straßenseite näherte sich eine Schar Fußgänger. Ziemlich gleichzeitig traf die Masse ein. Ich ging zunächst auf den Mann im Anzug zu und wurde von ihm herzlich begrüßt. Zu meinem Erstaunen war es mein ehemaliger Mitschüler, mit dem ich auch eingeschult wurde. Er hatte mich sofort erkannt. Mir imponierte, wie freundlich und aufmerksam er jedem Ankömmling entgegen trat. Schnell wurden Kontakte hergestellt, obwohl man bei einigen etwas Nachhilfe brauchte, um sich an die Namen zu erinnern. Ein buntes Stimmengewirr setzte ein.

Nach kurzer Begrüßung durch die Pastorin begaben

wir uns in die Kirche zu einem festlichen Orgelkonzert. Die feierlichen Klänge auf der neu instandgesetzten Orgel in der liebevoll geschmückten Kirche verfehlten ihre Wirkung nicht. Jetzt hatte jeder Zeit, in sich zu gehen, die vielen Eindrücke zu sortieren. 50 Jahre war es her, seit sich die meisten wieder sahen – eine unendlich lange Zeit!

Die anschließende Besichtigungstour durch alle Dorfkirchen der heutigen Gemeinde bot vielfältige Möglichkeiten mit vielen Anwesenden ins Gespräch zu kommen. Immer wieder hieß es:„ Weißt du noch…". Beim abschließenden Abendessen ging es dann schon gelöster zu.

Am folgenden Tag trafen wir uns am Vormittag zum Gottesdienst in der Kirche, die im Zentrum unseres Konfirmandenunterrichts stand.

Welch ein Gefühl für mich, nach so langer Zeit wieder auf der Kirchenbank Platz zu nehmen! Irgendwie hatte sich das Innere der Kirche verändert. Sie wirkte schlichter. Nichts erinnerte mehr an die Unterteilung der Plätze für die Kirchgänger nach ihrem sozialen Status, wie ich es noch erlebt hatte.

Meine Gedanken schwebten durch den Raum. Ich stellte fest, dass nicht nur das Innere der Gemäuer einer Verjüngungskur unterzogen worden war. Mit der neuen, jungen Pastorin war ein neues Fluidum eingezogen. Offensichtlich hatten die Chormitglieder Freude an der Mitgestaltung des Gottesdienstes, auch einzelne Gemeindemitglieder brachten sich ein und die Predigtworte gingen unter die Haut. Alles schien mir jünger, moderner.

Ganz im Gegensatz dazu die goldenen Konfirmanden, zu denen ich gehörte. Wir sind nicht mehr jung, die meisten genießen ihr Rentnerdasein. Auch wenn man das heute mit Bezeichnungen wie „Best Ager" oder „60 plus" aufpeppt.

Jeder für sich empfindet das Alter sicher anders. Die Lebenswege sind unterschiedlich verlaufen. Besonders betroffen machte es mich, als all die Namen derer verlesen wurden, die dieses Ereignis nicht mehr feiern konnten. Mein Leben hing auch schon am seidenen Faden. Mit 65 hat man die längste Lebenszeit hinter sich, was bleibt, weiß zum Glück niemand.

Also gilt es, jeden Tag zu nutzen, aktiv zu sein, sich an den Dingen des Alltags zu erfreuen, Neuem gegenüber aufgeschlossen zu bleiben.

Ein glücklicher, zufriedener Mensch sieht einfach besser aus, ist von anderen leichter zu ertragen und hat mehr vom Leben.

Ist es da noch so wichtig, wie viel Runzeln und graue Haare wir im Spiegelbild sehen?

5.4 Das Älterwerden

Ute Latendorf geb. 1951

Das Älterwerden hat auch seine guten Seiten,
ich muss nicht mehr so viel mit anderen Menschen streiten,
weil viele Dinge mich kaum noch berühren.
Ich kann mein Leben schon ein wenig abgeklärter führen.

Ich muss nicht mehr nach Lob und Ansehen haschen,
viel lieber lasse ich mich dankbar überraschen
von kleinen Freuden , die die Tage bringen
und die in meinem Herzen lange weiter klingen.

Ich seh die eignen Falten sogar schon gelassen
und fürcht nicht mehr, ich könnte Wichtiges verpassen
an Glück und Lust in diesem Erdenleben.
Ich lerne, mich allmählich selber abzugeben.

Das Leben hat mich nach und nach zurechtgebogen,
bin wie ein Spielball auf und ab geflogen,
jedoch: Ich bin noch da und nicht zerbrochen
und fühle mein Herz noch warm und ganz lebendig
pochen.

5.5 Gebet
Teresa von Avila (1515-1582)

O Herr, bewahre mich vor der Einbildung, bei jeder Gelegenheit und zu jedem Thema etwas sagen zu müssen.
Erlöse mich von der großen Leidenschaft, die Angelegenheiten anderer ordnen zu wollen.
Lehre mich, nachdenklich, aber nicht grüblerisch, hilfreich, aber nicht diktatorisch zu sein.
Bei meiner ungeheuren Ansammlung von Weisheit erscheint es mir schade, sie nicht weiter zu geben.
Aber du verstehst – o Herr – dass ich mir ein paar Freunde erhalten möchte.

Bewahre mich vor der Aufzählung endloser Einzelheiten
und verleihe mir Schwingen, zum Wesentlichen zu gelangen.

Lehre mich die wunderbare Weisheit, dass ich mich irren kann.

Erhalte mich so liebenswert wie möglich.

Lehre mich, an anderen Menschen unerwartete Talente zu entdecken und verleihe mir – o Herr – die schöne Gabe, sie auch zu erwähnen.

ISBN 978-3-8442-8889-6

www.epubli.de